RAINER WINTER
Widerstand im Netz

W0066266

CULTURAL STUDIES • HERAUSGEGEBEN VON RAINER WINTER •
BAND 21

Für Lothar Winter (23.11.1937 - 21.01.2009)

**Rainer Winter** ist Professor für Medien- und Kulturtheorie an der Alpen-Adria Universität Klagenfurt.

Rainer Winter

WIDERSTAND IM NETZ

Zur Herausbildung einer transnationalen Öffentlichkeit
durch netzbasierte Kommunikation
(unter Mitarbeit von Sonja Kutschera-Groinig)

[transcript] CULTURAL STUDIES

**Bibliografische Information der Deutschen Nationalbibliothek**
Die Deutsche Nationalbibliothek verzeichnet diese Publikation in der Deutschen Nationalbibliografie; detaillierte bibliografische Daten sind im Internet über http://dnb.d-nb.de abrufbar.

© 2010 transcript Verlag, Bielefeld

Umschlaggestaltung: Kordula Röckenhaus, Bielefeld
Korrektorat: Maike Sommer, Soest
Satz: Brigitte Liebl, Bielefeld
Druck: Majuskel Medienproduktion GmbH, Wetzlar
ISBN 978-3-89942-555-0

Gedruckt auf alterungsbeständigem Papier mit chlorfrei gebleichtem Zellstoff.

Besuchen Sie uns im Internet: *http://www.transcript-verlag.de*

Bitte fordern Sie unser Gesamtverzeichnis und andere Broschüren an unter: *info@transcript-verlag.de*

# Inhalt

# I  Einleitung

Kritische Theorie in der Gegenwart zu betreiben, ist aus verschiedenen Gründen ein schwieriges, nach der Ansicht mancher sogar ein unmögliches Unternehmen. Die weltweit zunehmenden ökonomischen und sozialen Ungleichheiten, die wachsende Anzahl von Kriegen und ihre von vielen akzeptierte scheinbare Unausweichlichkeit sowie die katastrophale Umweltzerstörung, die immer mehr bewusst wird, unterstreichen aber mit Vehemenz die Aktualität und Notwendigkeit eines solchen Projekts, das auf praktische Veränderung zielt. Hierfür scheint es zum einen erforderlich zu sein, die weltweiten Bemühungen sozialer Bewegungen um eine globale Gerechtigkeit angemessen zu berücksichtigen (vgl. Smith 2008). Zum anderen geht es darum, Konzepte kritischer Theorie, die nicht auf die Frankfurter Schule beschränkt ist (vgl. Hoy 2004; Winter 2007a), neu zu betrachten und zu aktualisieren. Die notwendige Theoriearbeit soll nicht auf die Exegese und Neuinterpretation von Texten beschränkt bleiben, sondern in Auseinandersetzung mit Formen der Empörung, sozialen Problemlagen und ihren Lösungsversuchen geführt werden. Wie kann eine kritische Theorie mit den Widerstandspotentialen, alternativen Erfahrungen und Kritiken, die sich weltweit finden, verknüpft werden? Wie können diese in theoretische Analysen übersetzt werden? Welches demokratische und vielleicht utopische Potential entfaltet sich in den Auseinandersetzungen um eine andere Globalisierung bzw. um eine alternative Moderne? Welche emanzipatorischen Möglichkeiten artikulieren sich hier? Dies sind wichtige Fragestellungen eines größeren Forschungszusammenhangs.

Im Folgenden verfolgen wir ein bescheideneres Ziel. Wir untersuchen, welchen Beitrag die Konzepte der Öffentlichkeit, des Wider-

stands und des Kosmopolitismus, die eine unterschiedlich lange Geschichte im Kontext kritischer Theorien haben, zu einem Verständnis
der durch Internet und digitale Technologien veränderten Gegenwart
beitragen können. Dabei verstehen wir unseren Beitrag als eine erste Kartographierung und Bestandsaufnahme. Das Alltagsleben in
unserer globalisierten Welt wird zunehmend von allgegenwärtigen
komplexen Netzwerken bestimmt, in denen digitale Medien eine zentrale Rolle einnehmen. Diese sind kostengünstiger, leichter zugänglich, interaktiver und mobiler geworden. Sie schaffen eine Vielfalt von
Möglichkeiten, um Medieninhalte aufzuzeichnen, zu archivieren und
zu gestalten. Durch die weltweite Verfügbarkeit des Mobiltelefons
und die Verbreitung des Breitbandinternets in vielen Teilen der Welt
sind technologische Netzwerke »ubiquitous« geworden (vgl. Featherstone 2009). So bilden Jugendliche durch das Handy weltweit mobile
Identitäten aus und nutzen es als Plattform für die Bildung sozialer
Netzwerke. Mittels des konstanten und nicht abbrechenden Kontakts
mit Freunden schaffen sich manche einen *tele-cocoon*, einen virtuellen
privaten Raum, der durch Networking zustande kommt (vgl. Habuchi 2005). Auf den Philippinen haben SMS-Kurzmitteilungen, im
Iran hat *Twitter* zu politischen Mobilisierungen beigetragen. Gerade
SMS und *Twitter* erweisen sich als wichtige Mittel, um spontan poli-
tische Proteste zu organisieren oder in einem spielerisch verfremdeten
Kontext Flashmobs zu konstituieren. In Südkorea hat das in fast allen
Haushalten verfügbare Breitbandinternet zu einer Intensivierung und
Verdichtung der Spielkultur sowie zu einer vielschichtigen *Online*-So-
zialität geführt. Auch in China haben 2005 24 Millionen Menschen
*online* gespielt (vgl. Varnelis/Friedberg 2008: 27).

Auf diese Weise sind neue Formen entstanden, wie Menschen
durch und mit Medien miteinander verbunden und mobilisiert werden. Sie kommunizieren miteinander, teilen Wissen und Kultur, in Interaktionen aktualisieren und schaffen sie (neue) Bedeutungen, die sie
im Netz verbreiten. Wir haben es mit emergenten Strukturen zu tun,
durch die, so unsere Auffassung, auch die Räume für die Entfaltung
von Handlungsmächtigkeit erweitert werden und neue emanzipatorische Möglichkeiten entstehen können, wie das Beispiel des transnationalen Aktivismus zeigt (vgl. Tarrow 2005). So gilt unser Interesse in
dieser Phase des Übergangs vor allem folgenden Fragen: Kann das Internet zu demokratischen Transformationen genutzt werden? Trägt es
zur Bildung einer transnationalen Öffentlichkeit bei, die nicht mehr an
einen Territorialstaat gebunden ist? Welche Legitimität und politische
Effektivität kann einer in diesem Kontext generierten öffentlichen Meinung zukommen (vgl. Fraser 2008)? Hierbei sind die grundlegenden

Veränderungen der Öffentlichkeit unter transnationalen Bedingungen zu untersuchen. Leitend für unsere Untersuchung ist der Ansatz der Cultural Studies, den wir als eine Form kritischer Theorie begreifen (vgl. Winter 2009). Unser Interesse gilt den Prozessen kultureller und sozialer Transformation, die sich in den alltäglichen Praktiken ankündigen, oft unbemerkt bleiben und sich allmählich vollziehen. Welche Rolle spielen in diesen Prozessen des Wandels im gewöhnlichen Leben digitale Netzwerke? Kann es zu strukturellen Veränderungen des politischen Prozesses kommen?

Unsere Studie hat folgenden Aufbau: Im *nächsten Kapitel* diskutieren wir, ausgehend vom Ansatz der Cultural Studies, die gesellschaftliche und kulturelle Bedeutung digitaler Medien, analysieren die Kontexte ihres Gebrauchs und die damit verbundenen Formen von Handlungsmächtigkeit. Wir betrachten die Prozesse der Digitalisierung im Kontext der Globalisierung und erörtern die Perspektiven eines alternativen Internets im Kampf um eine andere Globalisierung. Eine besondere Bedeutung kommt hier widerständigen digitalen Praktiken und der Herausbildung einer transnationalen Zivilgesellschaft zu.

Im *dritten Kapitel* skizzieren wir zunächst die drei Phasen der Entwicklung des Internets. Dann erörtern wir mögliche Hindernisse, die einer Internetnutzung und damit einer Partizipation an der Netzöffentlichkeit im Wege stehen können, bevor wir die Gegenstrategien zivilgesellschaftlicher Organisationen diskutieren, die Internet für alle ermöglichen möchten. Anschließend gehen wir der Frage nach, ob es Homogenisierungstendenzen im Internet gibt. Wir konfrontieren diese Position mit der kosmopolitischen Sichtweise, die für unsere weitere Argumentation von wichtiger Bedeutung sein wird. Schließlich zeigen wir, wie Staat, Markt und Zivilgesellschaft die digitalen Medien nutzen und dadurch selbst in ihren Strukturen transformiert werden. In einem *Exkurs* behandeln wir den *World Summit on the Information Society* 2003 in Genf und 2005 in Tunis. Wir beschreiben die Ziele, den Verlauf und die vorläufigen Resultate und analysieren, wie das Konzept der Zivilgesellschaft auf dieser Weltkonferenz behandelt wurde.

Im *vierten Kapitel* untersuchen wir, inwiefern sich in virtuellen Räumen *electronic tribes* konstituieren, die eine neue Form von Sozialität darstellen. Wir betrachten virtuelle Gruppenformationen und deren fluiden Charakter. Es entstehen neue soziale Räume und in Netzwerken verbundene Publika (vgl. Varnelis 2008). Unser besonderes Interesse gilt dabei demokratischen Prozessen von unten. Ein *Exkurs* widmet sich der digitalen Transformation von Fankulturen und der Herausbildung einer neuen Form kollektiver Intelligenz.

Im Anschluss untersuchen wir im *fünften Kapitel* die Perspektiven demokratischer Öffentlichkeiten im Internet. Hierzu diskutieren wir das deliberative Demokratiemodell und seine Bedeutung im Internet. Welche Relevanz kommt den transnationalen politischen Arenen zu? Wir betrachten das Verhältnis von *digital citizenship* und der Partizipation an virtuellen politischen Prozessen und analysieren die Funktion von virtuellen Gegenöffentlichkeiten. Ferner betrachten wir, wie digitale Medien für den Kampf um eine andere Globalisierung weltweit taktisch genutzt werden und zur Herausbildung kosmopolitischer Strukturen führen.

In den Fallbeispielen im *sechsten Kapitel* gehen wir auf die transnationalen zivilgesellschaftlichen Netzöffentlichkeiten näher ein, indem wir exemplarisch drei von ihnen näher analysieren. Dies sind: *The Association of Progressive Communication, Friends of the Earth International* und *OneWorld*. Auch die Homepage der Europäischen Union mit ihrer interaktiven Struktur wird als Beispiel für eine transnationale staatliche Netzplattform analysiert und dann mit den zivilgesellschaftlichen Portalen verglichen.

Im *letzten Kapitel* fassen wir die wichtigsten Erkenntnisse unserer Studie zusammen, fragen nach ihrer politischen Relevanz und heben hervor, wie wichtig der Kampf sozialer Bewegungen um eine transnationale Öffentlichkeit für die Verwirklichung einer globalen Demokratie ist.

Um den Textfluss und die Lesbarkeit nicht zu beeinflussen, werden nicht immer die männliche und die weibliche Schreibweise verwendet. Selbstverständlich sollen Frauen und Männer sich aber gleichermaßen angesprochen fühlen, wenn z.B. von Bürgern, Nutzern oder Aktivisten in diesem Buch die Rede ist.

Der Ausgangspunkt dieser Studie war das Gutachten »Netzbasierte Kommunikation und transnationale Öffentlichkeiten«, das ich zusammen mit Sonja Kutschera-Groinig für das Büro für Technikfolgen-Abschätzung beim Deutschen Bundestag 2004 verfasst habe. Christian Trapič und Markus Wiemker assistierten. An dieser Stelle möchte ich Christopher Coenen und Gerhard Banse danken. Der vorliegende Text stellt eine von mir vollständig überarbeitete, ergänzte und neu verfasste Version dar. Andreas Hudelist versorgte mich mit Literatur. Sebastian Nestler und Matthias Wieser halfen bei der Drucklegung.

An verschiedenen Orten und bei mehreren Konferenzen habe ich Teile dieser Studie vorgestellt: 2007 bei der Konferenz *Ubiquitous Me-*

*dia: Asian Transformations* an der Universität Tokio, die zum 25-jäh-rigen Bestehen von *Theory, Culture & Society* veranstaltet wurde, auf Einladung von Christian Kravagna im Kunstraum *Lakeside* der Alpen-Adria Universität Klagenfurt, bei der *Global Communication and Development Conference* an der Universität von Shanghai und auf Einladung von Ann Gray an der *School of Media* der Universität Lincoln, 2008 bei der Tagung *Political Campaigning on the Web* an der Universität Siegen und 2009 bei der Konferenz *Literary Studies, Cultural Politics and the Crisis of the Humanities* an der Heilongjiang Universität in Harbin. Ich möchte vor allem Ryan Bishop, Mike Featherstone und Yahya R. Kamalipour danken. Bei Elisabeth Niederer möchte ich mich für Diskussionen, Unterstützung und Anregungen bedanken. Das Buch ist dem Andenken an meinen Vater Lothar Winter gewidmet.

# 2 Cultural Studies, digitale Medien und die Herausbildung einer transnationalen Öffentlichkeit

## 2.1 Die kulturelle Bedeutung digitaler Medien

Im Kontext der Cultural Studies wird unter *Kultur* ein Prozess der Sinnschöpfung verstanden, der Medientechnologien einschließt und in den alltäglichen Erfahrungen und Praktiken verankert ist (vgl. Winter 2001, Winter 2007b), mit denen wir unser Leben gestalten und ihm Sinn verleihen. Sinn entsteht in Praktiken des Gebrauchs von Medien und Technologien, wird aufgeführt, hat performativen Charakter (vgl. Denzin 2003). Dabei ist den Medien selbst eine gewisse Handlungsmächtigkeit (*Agency*) eingeschrieben, weil sie die Beziehung zur Umwelt strukturieren sowie ordnen, unser Verhältnis zur Welt rahmen, Raum- und Zeitkonzepte transportieren, die unser Leben entscheidend verändern (vgl. Winter/Eckert 1990). Daher lassen sich Technologien/Medien und Kultur nicht trennen, so dass wir auch von einer technologischen Kultur (vgl. Slack/Wise 2006) bzw. von technologischen Lebensformen (vgl. Lash 2002) sprechen können. Unser Interesse gilt im Folgenden aber vor allem der Frage, welche gesellschaftliche und kulturelle Bedeutung sowie Funktion digitale Medientechnologien in ihrer Interaktion mit der menschlichen Handlungsmächtigkeit in kulturellen und sozialen Kontexten gewinnen können. In diesen entstehen durch die Assoziation von Menschen und Medientechnologien medial vermittelte Lebensformen.

In dieser Perspektive besitzen digitale Medien (wie z.b. das Internet, digitale Videogeräte, drahtlose Netzwerke oder das *World Wide Web* mit seinen technischen Möglichkeiten der Veröffentlichung und des Teilens von Informationen, Bildern, Filmen etc.) keine stabilen sozialen und kulturellen Bedeutungen sowie Gebrauchsweisen, die aus ihren inhärenten (materiellen) Eigenschaften einfach ableitbar wären. Dennoch wurde und wird das Internet infolge seiner dezentralen, Interaktivität und Partizipation ermöglichenden Struktur oft als liberal, offen und demokratisch betrachtet. Das Medium selbst scheint diese Eigenschaften zu haben und entsprechende soziale und kulturelle Prozesse zu fördern. Wir denken jedoch, dass es vom kulturellen und sozialen Kontext der Kommunikation abhängt, ob das Internet z.b. zu einer ausgedehnten Einkaufstour genutzt, zur Verbreitung von Gerüchten sowie zur Artikulation negativer Gefühle und von Pöbeleien verwendet oder ob sein Potential realisiert wird, um einen demokratischen kulturellen oder gesellschaftlichen Wandel zu bewirken. Auch die Unterschiede zwischen virtuellen und realen Kommunikationen hängen davon ab. Dabei erleichtert die interaktive Verknüpfung verschiedener Medien den Informationsfluss über technologische, geographische und soziale Grenzen hinaus. So können Protestgruppen ihre Botschaften und Kampagnen leichter, schneller und effizienter kommunizieren. Das Internet kann als eine nicht an nationale oder staatliche Grenzen gebundene diskursive Arena begriffen werden, die technisch gesehen für viele relativ leicht zugänglich ist und unabhängig von den Massenmedien genutzt werden kann (vgl. Bennett 2003: 20).

Spätestens nach 9/11 ist aber auch deutlich geworden, dass Staaten sich aus Sicherheitsgründen bemühen, die Inhalte des Internets zu filtern und zu kontrollieren, und hierbei ausgeklügelte Formen entwickeln. Auch wenn die Flüsse von Information und Kommunikation global geworden sind, ermöglicht es neue Software, die Informationen zu kontrollieren, zu denen z.B. die Bürger eines Landes Zugang haben. Neuere Studien zeigen, dass diese Kontrollpraktiken, die mit strengen Regulationen und harschen Strafen für Nutzeraktivitäten verbunden sein können, nicht nur auf dafür bekannte Staaten wie Iran, Nordkorea oder Saudi Arabien beschränkt bleiben, sondern weltweit betrieben werden und zunehmen (vgl. Deibert 2008: 143f.). Es liegt in der Logik dieser Prozesse, dass Kontrollkapazitäten, sind sie einmal entwickelt, ausgebaut und gesteigert werden. Sie verändern die Architektur des Internets. Das Internet und digitale Technologien können so die

Infrastruktur für die neue Herrschaftsform der globalen Kontrollgesellschaft (vgl. Deleuze 1993) bereitstellen.[1]

Neben diesen politischen Formen der Internetzensur gibt es auch andere Formen der Zensur, die mit der wachsenden Kommerzialisierung der Netze zusammenhängen. Es ist ein wachsender Druck entstanden, das intellektuelle Eigentum und das Copyright zu schützen. Bemühungen, die im Rahmen der digitalen Welt und ihrer Versprechungen, ein nicht kommerzialisiertes und nicht an Profitmaximierung orientiertes Mediensystem zu schaffen, veraltet und bisweilen zwanghaft rückschrittlich erscheinen. So hat Lawrence Lessig (1999) eindringlich darauf hingewiesen, dass ein Code keineswegs neutral oder transparent ist, sondern dass er das, was durch ihn kommuniziert werden kann, aktiv formt. So ist beim *iPod®* von *Apple®* oder bei der *Sony PlayStation®* gewährleistet, dass ihre Software nur mit ihren Käufern kommunizieren kann. Lessig zeigt, dass Codes in die Architektur des Internets eingefügt werden und sie erheblich verändern. Der Versuch, die Datenpiraterie einzudämmen oder zu verhindern, kann dazu führen, dass Informationen nur über bestimmte Kanäle gekauft und konsumiert werden können, aber dass der demokratische Austausch von Ideen und ihre kreative Weiterentwicklung verhindert werden (vgl. Deibert 2008: 142). So kommen die neueren Forschungen der *open net initiative* zu dem Schluss, dass die weit verbreitete Einschätzung, das Internet schaffe eine grenzenlose Welt der frei fließenden Information, entschieden relativiert werden muss. Die unterschiedlichen Zensurstrategien schränken die Möglichkeiten von NGOs (Nicht-Regierungs-Organisationen) und anderen zivilgesellschaftlichen Netzwerken ein, Informationen zu verbreiten und zu teilen sowie Kampagnen durchzuführen (vgl. ebd.: 150). So ist das Internet nach Deibert und seinen Kollegen eher ein »patchwork quilt«. Allerdings ist, wie unsere Studie zeigen wird, als Reaktion eine transnationale soziale Bewegung entstanden, die das Internet als ein Forum für *freedom of expression* und freien und gleichberechtigten Zugang zu Informationen bewahren und ausbauen möchte. Ihr Ausgangspunkt ist die Kritik an den digitalen Überwachungs- und Kontrollpraktiken, ihr Ziel die Entwicklung von Formen der »sousveillance«, der Gegenüberwachung (ebd.: 157).

Die digitale Welt in der ersten Dekade des 21. Jahrhunderts wird also nicht nur von Konzernen, Staaten und transnational agierenden Einrichtungen reguliert und kontrolliert, sondern auch von den Nut-

---

1 | Eine ausführliche Studie zu den Filterpraktiken im Internet in mehr als drei Dutzend Ländern legen Deibert et al. (2008) vor. Sie zeigen detailliert die Kontrollmechanismen und Zensurmaßnahmen auf.

zern mitbestimmt. Das Internet ist kein Medium mit für alle Zeit feststehenden Eigenschaften, sondern befindet sich in einem kontinuierlichen Veränderungsprozess. Die kulturellen und sozialen Auseinandersetzungen um das Internet führen dazu, dass es einen dynamischen, fluiden und prozessualen Charakter hat. Auch von seinem Inhalt und seiner Form her verändert es sich ständig, Strukturen werden rekonfiguriert, neue Anwendungen hinzugefügt und alte Strukturen verschwinden. Für die demokratisch motivierten Akteure der Zivilgesellschaft, um die es im Folgenden gehen wird, ist es von Anfang an ein Werkzeug, um auf Partizipation angelegte, virtuelle Netzwerke herzustellen, während andere soziale Kräfte es zunehmend regulieren und kontrollieren möchten.

So entfaltete sich z.B. nach 9/11 in den USA ein digitaler Dissens in Form von politischen *Blogs*, *Online*-Diskussionen oder Formen des *cultural jamming*, der die Politik der Bush-Regierung und die mediale Berichterstattung in den zentralen Medien wegen ihrer Eindimensionalität und ihrem Eintreten für Krieg massiv kritisierte.[2] Den Simulakra der Medien wird in solchen Prozessen eine Wahrheit gegenübergestellt, die auf dem im *World Wide Web* geschaffenen und geteilten Wissen basiert (vgl. Boler 2008: 6). Während für die Massenmedien die Trennung zwischen Produzenten und Konsumenten von Nachrichten charakteristisch ist, verschwimmen im Internet die Grenzen zwischen Autor und Publikum, aber auch die zwischen Tatsache und Fiktion. Zum einen beruht der digitale Dissens auf der Erkenntnis, dass die von den dominanten bzw. zentralen Medien präsentierten Fakten oft interessengeleitete Konstruktionen sind, zum anderen auf dem Bedürfnis, genauere und der *community* der Nutzer gegenüber verantwortliche Repräsentationen zu produzieren (vgl. ebd.: 8). Taktische Interventionen mittels digitaler Medien sollen die von Oligarchien und Medienmogulen bestimmten Berichterstattungen der Massenmedien durch alternative Darstellungen herausfordern und in Frage stellen. Auf diese Weise sollen die Wirklichkeit neu definiert und emanzipatorische Möglichkeiten aufgezeigt werden.

---

2 | Bekannt geworden ist auch die Kampagne *MoveOn*, die aus mehr als 500 Clips bestand, die während der Präsidentschaftswahl 2004 die Politik von Präsident Bush kritisierte. Zur Kritik an Bush vgl. www.bushin30seconds.org/aboutbush.html, 04.09.2009.

## 2.2 Kontexte des Gebrauchs

In der Lesart von Cultural Studies ist deshalb ein Verständnis digitaler Medien und Netzwerke erst möglich, wenn die sozialen und kulturellen Kontexte ihres Gebrauchs berücksichtigt werden (vgl. Winter 2007b). Objekt und Subjekt, Technologie und Kontext sind aufeinander bezogen, sie gehen vielfältige Verbindungen ein und kreieren Netzwerke. So haben soziale und kulturelle Praktiken einen wesentlichen Einfluss auf die materielle Welt. Die Nutzer konstruieren und bringen durch habitualisierte Weisen des Mediengebrauchs mit hervor, was ein Medium jeweils ist. Medien entfalten aber auch eine Eigenlogik und bestimmen die Praktiken im Umgang mit ihnen mit. So sind sie sowohl als soziale Konstruktionen als auch in ihrer Materialität zu verstehen. Medien werden durch kulturelle und soziale Kontexte geformt (vgl. Hörning 2004). Das Internet bzw. das *World Wide Web* lässt sich auch als eine kulturelle Technologie begreifen, die eine eigene räumliche Logik der Produktion, Verbreitung und des Konsums hervorgebracht hat (vgl. Berland 2000). Technologien/Medien sind aber nicht nur Instrumente, sondern auch Praktiken, die unser »In-der-Welt-Sein« (Heidegger 1927) verändern, indem sie es neu rahmen. So sind mit den digitalen Medien und Netzwerkmedien viele Wünsche, Hoffnungen und Ängste im kulturellen Imaginären verbunden. Jeder Bereich des sozialen, kulturellen und persönlichen Lebens soll durch sie entscheidend verändert werden.

Oft wird der *Cyberspace* auch als Rhizom (vgl. Deleuze/Guattari 1977) bezeichnet, als wurzelartige Verkettung von Vielheiten, die affektive Beziehungen und Formen des Werdens produziert, wie sie z.B. in der Cyberpunk-Literatur von William Gibson, der den Begriff *Cyberspace* eingeführt hat, von Neal Stephenson oder Bruce Sterling beschrieben wird (vgl. Winter 2002). Im Anschluss an Michel Foucault (1992) wird der *Cyberspace* auch als ein anderer Raum bestimmt, in dem einschränkende und repressive Strukturen verlassen werden. »This is cyberspace as heterotopia: as an experience of spatial ordering itself that invites us to question, to explore, to doubt, and perhaps to live differently.« (Saco 2002: 211) Objekt und Subjekt, Mensch und Maschine, organische und technologische Systeme, Technologie und sozialer Kontext sind miteinander verkettet, bringen »technologische Formen des Lebens« (Lash 2002: 15) hervor. Die intensive Nutzung von Handy, Laptop oder Camcorder macht uns zu Mensch-Maschine-Interfaces (vgl. ebd.). Seit ihren Anfängen in der Fernsehforschung (vgl. Fiske 1987; Fiske 2001; Winter 2009) lehnen Cultural Studies deterministische Auffassungen ab. Sie bauen auf der Idee auf, dass von den Anfängen von Entwicklungen nicht ihr Ende abgelesen werden kann (vgl. Hall 1986; Grossberg 1999). Für Cultural Studies gibt es keine Garantien. Verknüpfungen und Effekte entstehen durch Artikulationen und sind daher kontingent, nicht determiniert. Technologien/Medien sind eng mit dem Sozialen bzw. Kulturellen verbunden, aber nicht auf den Prozess der Sinnkonstruktion reduzierbar. Strenge Grenzziehungen sind nicht möglich (vgl. Menser/Aronowitz 1996).

Außerdem wird die technologische Kultur zum dominanten Diskurs im 21. Jahrhundert. Technologien und Medien werden daher als sozial aktive, hybride Formen begriffen, die Verknüpfungen herstellen, gleichzeitig jedoch von abstrakten Kräften kodiert werden (vgl. Wise 1997: 57). In Form und Funktion der Technologien sind sowohl materielle als auch sozial konstruierte Beschränkungen eingeschrieben (vgl. ebd.: 58). Daher erforschen Cultural Studies nicht, ob digitale Medien auf kausale Weise kulturellen Wandel bewirken. Diese werden nicht als ursächliche Kräfte aufgefasst, sondern von vornherein als eingebettet in Lebensformen, als kontextuelle Artikulationen, als Apparate oder als Assemblage, die einen neuen Raum für *Agency* eröffnen (vgl. Slack/Wise 2006: 154ff.). Internet, Mobiltelefone und die Gesellschaft sind miteinander verschmolzen, so dass die Frage nach der Wirkung von Technologien nun endgültig keinen Sinn mehr ergibt. Diese lassen sich nicht mehr als externe Kräfte betrachten, die Kultur und Gesellschaft in kausaler Weise beeinflussen. Die Perspektive richtet sich also darauf, wie sich etwas ereignet und vollzieht: »Cultural studies always emerges *in the middle of things*, within a certain set of surroundings – historical, temporal, geographic, ethnic, sexual, technological – that is, in a milieu. Cultural studies relates to this milieu by way of the construction of a problematic.« (Menser/Aronowitz 1996: 17) Im Anschluss an Stuart Hall (1986) lassen sich Technologien/Medien als Artikulationen begreifen, als eine kontingente Verknüpfung heterogener Elemente, die eine spezifische Einheit hervorbringen. Dies bedeutet, dass die kontextuellen Verbindungen untersucht werden müssen, die eine Technologie konstituieren, und die Praktiken, die sie artikulieren. So enthüllt sich in der umkämpften Geschichte des Internets weniger eine lineare Entwicklung als eine nicht synchrone Konfiguration kontingenter Prozesse (vgl. Hand/Sandywell 2002). Es gibt nicht ein singuläres und einheitliches Internet, das auf kausale Weise notwendige Wirkungen erzeugt. Stattdessen kommt es darauf an, die sozialen Auseinandersetzungen und historischen Konfigurationen zu untersuchen, in denen digitale Praktiken unterschiedliche Gestalt annehmen. Die soziale Komponente hat also einen wesentlichen Einfluss auf die materielle Kultur bzw. die objektive Dingwelt. Um mit Latour (2006) zu sprechen, verleiht eine Gesellschaft sich in ihren Technologien Dauer. Diese verkörpern soziale und kulturelle Strukturen, die dann von neuen Akteuren angeeignet und transformiert werden können. So gehen wir davon aus, dass zum einen Technologien durch die Gesellschaft konstituiert werden, zum anderen Technologien aber auch die Gesellschaft konstituieren.

## 2.3 Die Entfaltung von »Agency«

Für Cultural Studies ist vor allem die Frage der *Agency* von zentraler Bedeutung. Diese misst sich an den Möglichkeiten der Intervention in die Prozesse, welche die Realität kontinuierlich verändern und durch die Macht ausgeübt wird (vgl. Grossberg 1999). Eine globale Zivilgesellschaft, die die Grenzen von Territorialstaaten überschreitet, kann sowohl an nationale Regierungen als auch an globale Institutionen Forderungen stellen, die die Macht des globalen Kapitals einschränken, die negativen Folgen der neoliberalen ökonomischen Globalisierung bekämpfen und Möglichkeiten von Mitbestimmung und Emanzipation eröffnen (vgl. Kaldor 2003; Zarka 2004). Sie ist die Voraussetzung für eine globale Demokratie. Die weltweite, flächendeckende Verfügbarkeit des Internets, die bisher nicht gegeben ist, könnte eine Basis sein, um diese *Agency* zu entfalten. Auf diese Weise wird auch der konjunkturale Aspekt von Cultural Studies deutlich. Denn die Möglichkeit von *Agency* im Kontext neuer Medien ist kontextuell zu bestimmen. So müssen in einem sozialen Raum wie dem Internet, folgt man Deleuze und Guattari (1992), die Artikulationen der maschinischen Assemblage (Inhalt) mit der Assemblage der Enunziation (Expression) untersucht werden, wie Wise (1997) zeigt. Dabei soll der von Deleuze und Guattari (1974) entlehnte Begriff der Assemblage (*agencement*), der anti-struktural gedacht ist und von ihnen am Beispiel der Wunschmaschinen exemplifiziert wird, helfen, Phänomene der Emergenz, der Heterogenität und des Flüchtigen zu erfassen. Eine Assemblage hat keine Essenz, sie produziert qualitative Differenzen. Es stellen sich z.B. folgende Fragen: Welche Koppelungen und Rekursionen entstehen? Wie werden die digitalen Technologien genutzt und angeeignet? Wie wird über sie gesprochen und nachgedacht (vgl. Eckert et al. 1991; Winter/Holly 1993; Wise 1997: 73; Holly et al. 2003)? Welche Geschichten, Metaphern und Erfahrungen prägen die Interaktion mit digitalen Technologien? Welche Koppelungen, welche Mensch-Maschine-Interfaces kommen zustande, wenn Sprache, Begehren und Technologien zusammenkommen, wenn menschliche und nicht-menschliche Körper, Handlungen und Leidenschaften aufeinander treffen? Dabei besteht das Internet aus Verknüpfungen, es hat keine feststehende Identität oder ein organisierendes Zentrum. Es gibt auch keine den Verknüpfungen zugrunde liegende Wahrheit. Das Internet wird durch einen unaufhörlichen Prozess der Deterritorialisierung geprägt.

## 2.4 Erzählungen und Gebrauchsweisen

In einem zentralen techno-kolonialistischen Diskurs, der in der Wissenschaft, in der Wirtschaft und im Journalismus gepflegt wird, steht das *World Wide Web* für Freiheit, Individualismus, für Mobilität, für Entkörperlichung und die Eroberung bzw. Abschaffung des Raums (vgl. Marchart 2004). Es trägt zu einer mobilen Privatisierung im Sinne von Raymond Williams (1974) bei. Man kann überall und nirgends zugleich sein. In diesem Zusammenhang weist Berland darauf hin, dass es auch eine konkurrierende Erzählung gibt: »But techno-evolutionism also offers a countering narrative, in which the Net enables us to transcend the hierarchy, isolation, and disempowerment produced by earlier technologies, and to evolve toward a new postcapitalist, postnationalist, truly interactive collectivity.« (Berland 2000: 254) Ähnlich wie die Cyberpunk-Autoren, die wesentlich zur Entwicklung der Cyberkultur beigetragen haben, konstruieren auch die Nutzer im Alltag durch die symbolischen Geschichten, die sie erzählen, und durch ihre sozial habitualisierten Gebrauchsweisen die digitalen Medien auf spezifische Weisen. Auch das Design, die Einführung, die Vermarktung und der Gebrauch neuer Technologien/Medien ist eingebunden in einen kulturellen Kreislauf, der unterschiedliche Prozesse miteinander artikuliert und variable, nicht vorher bestimmbare Folgen hat (vgl. DuGay et al. 1997). Keine Technologie hat universelle, ihr inhärente Effekte. Die sozial-kulturellen Rahmenbedingungen wirken auf die Ergebnisse an einem bestimmten Ort, zu einer bestimmten Zeit.

»What ICTs can accomplish for any particular political system will have very much to do with what members of particular communities, individually and collectively, determine to do with such technologies in particular contexts. Economic and cultural forces, public policy, democratic design, and grassroots initiative will all have a role in framing the future of electronic democracy.« (Shane 2004: XII)

Auch wenn es viele Hinweise dafür gibt, dass sich im weltweiten Fluss von Informationen Raum- und Zeitgrenzen immer mehr verflüssigen (vgl. Lash/Urry 1994), haben diese noch Bedeutung. Lokale Bedingungen behalten einen Stellenwert in den Wahrnehmungs-, Denk- und Interpretationsmustern. Gerade im Internet werden Fragen gestellt und Probleme thematisiert, die sich auf lokale und globale Themen beziehen, und auf die sowohl global als auch lokal geantwortet wird (vgl. Hall 1994). So interpretieren Nutzer die weltweit vermittelten Botschaften vor dem Hintergrund ihres jeweiligen Kontextes (vgl. Winter 2003), der durch die Besonderheiten eines konkreten Orts geprägt ist. Die digitalen Medien erweitern und intensivieren jedoch unsere Möglichkeiten, uns in lokalisierten Zeit- und Raumgefügen zu bewegen und gleichzeitig kopräsent mit entfernten Anderen zu sein. So überlagern sich virtuelle und reale Räume zunehmend.

## 2.5 Internet und Globalisierung

Die Verfügbarkeit computervermittelter Kommunikation intensiviert und fördert Globalisierungsprozesse, weil sie eine zunehmende weltweite Vernetzung, die alle Aspekte unseres alltäglichen Lebens beeinflusst, ermöglicht. So entstehen durch die Verschmelzung von fortgeschrittenen Kontrolltechnologien und elektronisch basierten Informationssystemen deterritorialisierte Märkte, die nicht an nationale Grenzen gebunden sind. Es bildet sich ein Technokapital (vgl. Kellner 1989) heraus, das die materielle Grundlage der Globalisierung darstellt. Transnationale Korporationen verkaufen Produkte und Dienstleistungen weltweit. Durch dieselben Technologien sind aber auch Tausende von zivilgesellschaftlichen Organisationen und Gruppen möglich geworden, die flexibler, vielfältiger und gleichzeitig komplexer in ihrer Struktur als frühere soziale Bewegungen sind und (virtuelle) Gegenöffentlichkeiten kreieren. Neben den relativ institutionalisierten NGOs sind dies z.B. transnational orientierte soziale Bewegungen oder Graswurzelorganisationen, die, wie in den letzten zehn Jahren deutlich geworden ist, zu bestimmten Anlässen einen Widerstand organisieren können, der sehr viele Menschen umfassen kann. So beteiligten sich weltweit über 20 Millionen Menschen an den Protesten gegen die Invasion im Irak. Der weltweite Protest wäre ohne das Internet und seine Möglichkeiten zur Koordination und globalen Kommunikation von Protesten nicht möglich gewesen (vgl. Bennett 2003: 24). So stellt Lauren Langman fest:

»But what must be noted is that the rise of the Internet, as new communication media, has enabled new means of transmitting information and communication that has in turn enabled new kinds of communities and identities to develop. These new kinds of Internet-based social movements, cyberactivism, are fundamentally new and require new kinds of theorization.« (Langman 2005: 44)

Der globale ökonomische Wandel verändert die Institutionen der modernen Gesellschaft (wie z.B. Familie, Arbeit, Gemeinschaft) erheblich. Dies hat, wie Anthony Giddens (1991) gezeigt hat, wichtige Folgen für die persönliche Identität, zum einen negative wie ontologische Unsicherheit, Angst und dass für strukturelle Probleme wie Arbeitslosigkeit persönlich die Verantwortung übernommen werden muss. Positiv betrachtet erweitern sich die Kontingenzspielräume des Einzelnen. So kann er seine persönlichen Beziehungen (vgl. Eckert/Winter 1987) und auch seine Identität zum Teil selbst wählen, gestalten und verändern, weil traditionelle Kontrollinstanzen (wie z.B. Familie oder Kirche) in den Hintergrund treten oder ihren Einfluss gänzlich verlieren. An deren Stelle sind die Dispositive der Medien getreten, die uns Angebote zur Selbstpräsentation machen. Ihrer potentiell strukturierenden Funktion steht die Agency (Handlungsmächtigkeit) der Individuen gegenüber, die die Angebote der Medien und der warenförmigen Konsumkultur in Akten der Selbstreflexion prüfen und bewerten. Individuen und Gruppen müssen sich nun in einem globalen, durch die Medien getragenem Bedeutungssystem verorten und ihre Identitäten, die ein reflexives und offenes Projekt geworden sind, aktiv kreieren (vgl. Giddens 1991). Dies lässt sich bereits bei Jugendlichen beobachten. So stellt Willet (2008: 54) fest: »[...] young people can be seen as *bricoleurs*, appropriating and reshaping consumer culture as they define and perform their identities, and in some instances rejecting or simply ignoring marketing techniques and discourses.«[3] Der strukturelle Wandel führt also, wie Ulrich Beck (1986) zeigt, zu einem Individualisierungsschub.

Es findet auch eine kulturelle Deterritorialisierung statt, durch die unsere kulturellen Kategorien und Bedeutungsmuster in Beziehung

---

3 | Dabei wird bei der Identitätsarbeit im Internet auf unterschiedliche Quellen der Medien- und Konsumkultur zurückgegriffen, was sich z.B. in der Gestaltung von Homepages zeigt. Dieses Merkmal lässt sich bereits bei Jugendlichen beobachten. »Home pages, for example, are analyzed by Chandler and Roberts-Young in terms of *bricolage*, referring to the processes involved in creating a page made up of references and images from various sources which have been appropriated and recontextualized.« (Willett 2008: 52f.)

zu anderen Zeichen- und Bedeutungssystemen gesetzt werden. Die eigene Identität und auch die kollektive Identität von (staatlichen, regionalen, institutionellen) Zusammenschlüssen werden im Spannungsfeld zweier Referenzrahmen, den lokalen und den globalen Kontexten, gebildet und modifiziert. Lokale Kontexte stehen in Wechselwirkung mit transnationalen und globalen Prozessen. So kommt es zu Identifikationsprozessen und Vergleichen mit entfernten Anderen, deren Erfahrungen, Kulturen und Orten (vgl. Meyrowitz 1987).

Dabei sind Identitäten auch immer emotional verankert. Soziale Formationen können Anerkennung und emotionale Sicherheit gewähren sowie einen Raum für Handlungsmächtigkeit eröffnen. So bringen soziale Bewegungen kollektive Identitäten hervor, die in den interaktiven Prozessen sozialer Netzwerke entstehen (vgl. Melucchi 1996). Diese handeln den Sinn ihrer Handlungen, ihre Werte und ihre Ziele aus. Richard Kahn und Douglas Kellner (2003) haben gezeigt, wie sich in den virtuellen Öffentlichkeiten Postsubkulturen konstituieren, die dichte interpersonale Netzwerke der Diskussion, der Deliberation und der intensiven Auseinandersetzung bilden. Auf der Basis alternativer kultureller oder politischer Einstellungen und Erfahrungen, die mit (räumlich entfernten) Anderen geteilt werden, werden Identitäten neu bestimmt und demokratische Räume ausgeweitet. Es scheint gerade auf die intensivierten Prozesse der Individualisierung zurückzuführen zu sein, dass mittels des Internets Gleichgesinnte und Gruppen, die Problemlagen und ihre möglichen Lösungen ähnlich interpretieren, gesucht werden. Dabei entstehen auch kosmopolitische Gemeinschaften, die lokale Problemlagen mit globalen Bedrohungen verbinden wie z.B. das weltumspannende Projekt *global justice*, das um die Jahrhundertwende Gestalt gewann. Es fasst die zahlreichen und unterschiedlichen Kämpfe für eine alternative Globalisierung zusammen. So stellt Kurasawa (2007: 2) fest: »It represents nothing more, yet nothing less, than a set of emancipatory possibilities rising out of the ashes of the last century«. Die Transformation der Identität mündet also in neue kollektive Formen. Dabei akzeptieren z.B. die transnationalen Netzwerke von Aktivisten die unterschiedlichen Identitäten ihrer Mitglieder. »The internet happens to be a medium well suited for easily linking (and staying connected) to others in search of new collective actions that do not challenge individual identities.« (Bennett 2003: 28)

Neben den Zentren der vernetzten Welt gibt es aber auch ganze Gebiete, die ausgeschlossen sind. Die Verfügbarkeit der Technologie ist von großer Ungleichheit geprägt. »Der Preis für einen Internetanschluss steigt exponentiell mit der Entfernung von den Zentren der vernetzten Gesellschaft.« (Rivière 2003:10) Die Exklusion aus dem digitalen Netzwerk kann verschiedene Formen annehmen: der Mangel an der nötigen technologischen Infrastruktur, das Fehlen von einer ausreichenden Anzahl an Internetzugängen, unzureichende kulturelle Kapazitäten und Bildung, um das Internet kompetent, selbstbestimmt und mündig nutzen zu können, Nachteile in den Möglichkeiten der eigenen Informationsproduktion und -distribution über das virtuelle Netz und andere Barrieren. Bestimmte kulturelle Räume (z.B. in Afrika) sind in das digitale Netzwerk weniger eingebunden als die technologisch fortgeschrittenen in Nordamerika, Japan oder Europa. Beispielsweise haben Länder im Süden des Globus oft nur langsame Verbindungen, so dass sie das Internet nur eingeschränkt verwenden können (vgl. Sassen 2008: 587f.). Deshalb können wir bisher nicht von einem weltumspannenden transnationalen (und damit globalen) Raum des Internets sprechen. Staaten, die kaum an das Netz angeschlossen sind, sind sozusagen – zumindest digital – so gut wie nicht existent, erscheinen auf dem Bildschirm lediglich in passiven Referenzen, was Castells als »schwarze Löcher des informationellen Kapitalismus« (Castells 2003: 396) bezeichnet.

»Die Kapital-, Arbeits-, Informations- und Marktnetzwerke verbanden durch Technologie wertvolle Funktionen, Menschen und Lokalitäten auf der ganzen Welt miteinander, schalteten aber diejenigen Bevölkerungen und Territorien von ihren Netzwerken ab, die für die Dynamik des globalen Kapitalismus keinen Wert und kein Interesse mehr besaßen. Daraus folgten die soziale Exklusion und die ökonomische Bedeutungslosigkeit von gesellschaftlichen Segmenten, Stadtgebieten, Regionen und ganzen Ländern, die das ausmachen, was ich als ›Vierte Welt‹ bezeichne.« (ebd.: 387)

Im Gegensatz dazu finden sich zum Beispiel in globalen Metropolen Hyperkonzentrationen von Infrastruktur mit angrenzenden Ressourcen. Saskia Sassen verweist darauf, dass New York als Finanzzentrum die höchste Konzentration an Gebäuden mit Glasfaserverkabelung hat (vgl. Sassen 2000a: 334). Es existieren also gewisse geographisch festlegbare Kommunikationsverdichtungen. Gerade zivilgesellschaftliche soziale Bewegungen weisen auf diese Ungleichheit hin und plädieren für den weiteren Ausbau der digitalen Netzwerke, damit auch jene Regionen in die virtuellen Strukturen eingebunden werden, die bisher nicht Teil von ihnen sind.

Durch die Existenz und Rezeption von digitalen Medien wird es möglich, dass Personen – in der Stadt als auch am Land, zu Hause als auch im Ausland – in Echtzeit weltweit kommunizieren und sich informieren können. So entstehen gemeinsame globale Erfahrungen, die vor dem Hintergrund der lokalen Praxen verarbeitet werden. Mit diesem kulturellen Austausch verbinden wir die Hoffnung auf eine Reduzierung der Vorbehalte gegenüber dem Fremden, die Identifikation mit den Erfahrungen und Problemen von (räumlich entfernten) Anderen, die Übernahme einer kosmopolitischen Perspektive und die weltweite Implementierung eines demokratischen Systems als Gegenmacht zur neoliberalen Globalisierung.

Eine weitgehend vernetzte Welt ist die Grundlage für den Aufbau einer globalen Zivilgesellschaft (vgl. Andretta et al. 2003: 19), in der eine transnationale Perspektive auf gesellschaftliche und kulturelle Probleme sowie Risiken entfaltet und nach gemeinsamen Lösungen gesucht wird. So kann ein Gegengewicht zur gegenwärtigen Machtkonstellation geschaffen werden. Der Nationalstaat, dessen Rechtsprechung an ein bestimmtes Territorium gebunden ist, verliert immer mehr an Bestimmungsgewalt an transnational operierenden Einrichtungen. »Wie die Proteste gegen WTO, IMF, Nafta und Weltbank betonen, werden die Grundregeln des Handels-, Produktions- und Finanzwesens transnational festgelegt von Einrichtungen, die eher dem globalen Kapital als irgendeiner Öffentlichkeit verantwortlich sind.« (Fraser 2008: 241) Die mobilen Kapitalströme von Konzernen überschreiten Grenzen und transzendieren nationale Öffentlichkeiten. Deshalb ist eine transnationale Öffentlichkeit erforderlich, die ein radikalisiertes Demokratieideal vertritt, eine kommunikative Macht entfaltet und die Spielräume für Autonomie und Partizipation erweitert. Auf diese Weise kann es zu einer Umverteilung von Macht kommen (vgl. Fiske 1993; Kellner 1995; Winter 2001).

Eine kritische Mediennutzung kann zur Entfaltung alternativer Positionen führen, die in den dominanten Medien nicht vertreten werden. Die Folge kann eine oppositionelle Politik sein, die bestehende Machtverhältnisse in Frage stellt und so die Demokratie von unten stärkt. So kann die kritische Kraft einer öffentlichen Meinung entstehen. Um das kommunikative Potential digitaler Medien nutzen und entfalten zu können, sind allerdings vielfältige mediale Kompetenzen erforderlich, die technische und kulturelle Fertigkeiten beinhalten. Daher fordert Douglas Kellner (2005) einen erweiterten Bildungsbegriff, der die neuen Medien beinhaltet und zur Förderung multipler Kompetenzen, insbesondere bei Jugendlichen und sozial benachteiligten Gruppen, beitragen soll. So soll es zu einer Ermächtigung von Individuen und Gruppen kommen, indem sie Informations- und Kommunikationstechnologien kompetent und effektiv einzusetzen lernen.

Auf diese Weise können sie ihre Problemlagen und Interessen darstellen, die in den traditionellen Medien oft nicht repräsentiert werden.

Vor allem transnationale zivilgesellschaftliche Bewegungen schaffen es jedoch, diese latenten kommunikativen Potentiale zu mobilisieren. Informationen, die nicht die Filter der dominanten Medien überwinden müssen, zirkulieren in den virtuellen Netzwerken, werden ausgetauscht und sind die Grundlage für demokratische Interaktionen. Es entstehen neue Formen von *Online*-Aktivismus und Cyberpolitik. Die transnationalen Gruppen und Bewegungen, die sich für eine alternative Globalisierung einsetzen, oder die *global justice*-Bewegung wären ohne das Internet nicht denkbar (vgl. Langman 2005: 44). Sein dezentriertes textuelles Kommunikationssystem, dessen Inhalte oft durch die Nutzer geschaffen werden (vgl. Salter 2003), korrespondiert mit den nicht hierarchischen, eher informellen und flüchtigen Netzwerken der Aktivisten. Auch Naomi Klein (2000) weist darauf hin, dass das Internet eine neue Form des politischen Protestes möglich macht, der dezentralisiert ist, aus unterschiedlichen Ausgangslagen erwächst, aber ein gemeinsames Ziel hat. Empörung und Protest, die an unterschiedlichen Orten der Welt artikuliert werden, gewinnen eine transnationale Basis und steigern gleichzeitig den Druck und die Überzeugungskraft lokal durchgeführter Kampagnen. So sind die Aktivisten wichtige Akteure in der von Castells beschriebenen globalisierten Netzwerkgesellschaft (Castells 2001a), die durch *Flows* gekennzeichnet ist und einen zunehmend fließenden, unübersichtlichen und flüchtigen Charakter hat.

Zudem haben die neuen Informations- und Kommunikationstechnologien wesentlich zur raschen Entwicklung einer komplexen transnationalen Vernetzungsstruktur zwischen den einzelnen kleinen und großen sozialen Bewegungen beigetragen. Über die virtuellen Portale werden heute Kampagnen, Proteste, Konferenzen und virtuelle Aktionen geplant, organisiert und dokumentiert. Mit Namen wie *Peoples Global Action* (PGA) verbinden wir nicht nur einen riesigen Informationspool, sondern auch ein großes Potential an kommunikativen Ressourcen. Ergänzend weist Ulrich Beck (2002) darauf hin, dass eine Gegenmacht zum Kapital, das immer mehr alle Regeln außer Kraft setzt, auch der (politische) Konsument ist, der sich für oder gegen Produkte entscheiden kann:

»Konsumentenproteste sind *als solche* transnational. *Die Konsumgesellschaft ist die real existierende Weltgesellschaft.* [...] Gut vernetzt und gezielt mobilisiert kann der entbundene, der freie Konsum, transnational organisiert, zu einer scharfen Waffe geformt werden. Streik ist für den Einzelnen riskant, bestimmte Produkte nicht kaufen und auf diese Weise die Politik der Konzerne abzuwählen, dagegen völlig risikolos.« (Beck 2002: 28f.)

Auch hier sind aber zivilgesellschaftliche Akteure nötig, die diese Gegenmacht durch mediale Kampagnen bündeln, mobilisieren und effektiv organisieren (vgl. Baringhorst/Kneipp/Niesyto 2009).

Das Internet kann durch seine vernetzte, dezentrale Logik dazu beitragen, bisherige nationale Referenzgrößen zu relativieren und gleichzeitig eine transnationale Perspektive zu verankern bzw. auszuweiten. Castells spricht von einer neuen dominierenden Struktur, der Netzwerkgesellschaft. Diese ist gekennzeichnet durch »eine neue Wirtschaftsform, die informationelle/globale Ökonomie; und eine neue Kultur der realen Virtualität« (Castells 2003: 386). Die verstärkte Vernetzung über weite Distanzen hinweg führt zu einer größeren Offenheit und Abhängigkeit der verschiedenen nationalen Öffentlichkeiten untereinander sowie zwischen Nationalstaaten und spezialisierten und professionalisierten Einrichtungen, die transnationale Bedeutung besitzen können. Wir können den letzteren Prozess als graduelle Deterritorialisierung der nationalen öffentlichen Sphäre beschreiben, die an Bedeutung verliert (vgl. Tomlinson 1999). Es existieren verschiedene Ebenen der Kommunikation. Auf der einen Seite jene nationalen Bereiche, die sich vorwiegend mit innerstaatlichen Problemen beschäftigen, aufgrund der transnationalen Eingebundenheit in verschiedene Netzwerke jedoch die transnationalen und globalen Bedingungen mitreflektieren müssen und auf der anderen Seite die transnationalen diskursiven Arenen. Politische Akteure tragen aktiv zum Erhalt und Wachsen solcher Arenen bei, die durch auftauchende Probleme, die zur Betroffenheit führen, aktualisiert werden und es über die digitalen Medien schaffen können, weltweiten Protest zu mobilisieren.

Unterschiedliche diskursive Arenen koexistieren im virtuellen Raum, der von Bild- und Zeichenströmen durchdrungen wird. Eine qualitative Besonderheit computervermittelter Medienumgebungen ist dabei die Vernetzung der unterschiedlichen Akteure. Es bilden sich Verknüpfungen, die über die jeweiligen lokalen Kommunikationsräume hinausreichen. Neben der Vernetzung durch die Medienanbieter, werden von den Mediennutzern selbst in der Nutzungspraxis häufig weitere Verflechtungen hinzugefügt. Gerade der neue transnationale Aktivismus, der z.B. im transnationalen Zapatista-Solidaritätsnetzwerk (vgl. Olesen 2005), in den antikapitalistischen Protestbewegungen, die sich weltweit nach dem Dialog und Beteiligung einfordernden Aufstand der Zapatista 1994 formierten (vgl. Notes from

Nowhere 2007), oder in den damit verbundenen Protesten unter dem Motto »Another World is Possible« (Starr 2005) deutlich zum Ausdruck kam, wäre ohne die Vernetzung durch digitale Medien nicht möglich (vgl. Tarrow 2005).

## 2.6 Transnationale Prozesse und die Herausbildung einer globalen Zivilgesellschaft

Für die institutionelle Ebene – Regierungen, Parteien und Interessengruppen – bieten die digitalen Medien eine Plattform für den direkten Kontakt mit Bürgern oder Journalisten und für die Binnenkommunikation in der eigenen Organisation. Das kann mehr Autonomie gegenüber den Massenmedien bedeuten, verkompliziert aber die Öffentlichkeitsarbeit. Hierbei müssen vielfältige Informationsinteressen und Verarbeitungsgewohnheiten bedacht werden. Hinzu kommt, dass die grundsätzliche Orientierung an Kern/Zentrum (die politischen Entscheidungsträger) und Peripherie (zivilgesellschaftliche Akteure und andere Subgruppen) überdacht werden muss. Im digitalen Raum können nen beispielsweise die Tätigkeitsfelder zivilgesellschaftlicher Bewegungen durch die nötige Aufmerksamkeit zu Kernbereichen werden und direkt Einfluss auf die politische Entscheidungsfindung nehmen. Die Hierarchien zwischen den einzelnen politischen Akteuren können sich im digitalen Raum verflachen. Die Kommunikation fließt nicht nur mehr – wie im traditionellen Modell der Massenmedien – von oben nach unten, sondern basiert im digitalen Zeitalter immer mehr auf Debatten, diskursiven Auseinandersetzungen und horizontal organisierten Netzwerken zwischen verschiedenen Kommunikationsknotenpunkten. Diese Netzwerke bilden sich über territoriale und soziodemographische Grenzen hinweg und vernetzen oftmals Milieus, die bisher voneinander mehr oder weniger getrennt waren.

Die Basis hierfür ist die Zivilgesellschaft. Darunter werden die Netzwerke und Institutionen gefasst, die unabhängig vom Staat und vom Markt existieren und operieren: »[...] we see civil society as a sphere with relative autonomy from state and market in which citizens, with certain values, opinions and preoccupations, organise and communicate in terms of social and political goals [...].« (Audenhove et al. 2002: 15) Dabei sind die Grenzziehungen zwischen Zivilgesellschaft, Staat, Markt und Familie nicht immer leicht durchzuführen und müssen oft erst ausgehandelt werden. Das Konzept einer globalen Zivilgesellschaft bezieht sich nun auf soziale Bewegungen, NGOs und Netzwerke von Bürgern, die über nationale Grenzen hinweg operieren und so transnational organisiert sind. Kaldor (2003: 86) unterscheidet soziale Bewegungen von NGOs. NGOs sind im Gegensatz zu sozialen Bewegungen und Gruppen meist bereits institutionalisiert und professionalisiert sowie formal registriert: »There is today a proliferation of language used to describe the non-state actors in global politics: global social movements, international NGOs (Ingos); transnational advocacy networks; civil society organizations; global public policy networks; to name but a few.« (Kaldor 2003: 79) Die sich ausweitende globale Zivilgesellschaft umfasst alle formellen und informellen Organisationen, denen sich Individuen anschließen können, um ihre Auffassungen und Perspektiven politischen Entscheidungsträgern effizient kundzutun. Die kollektiven Aktivitäten von NGOs im Raum der globalen Politik fassen wir als einen Teil davon auf. Es handelt sich um eine politische Arena, in der die Bürger und NGOs über Grenzen hinweg zusammenarbeiten und ihre Interessen artikulieren, um ihre Ziele zu erreichen oder um die Regierungen und formellen Institutionen dazu zu bringen, ihre Problembeschreibungen zu berücksichtigen und sich für Lösungen einzusetzen. Der sich im Rahmen der globalen Zivilgesellschaft herausbildenden transnationalen (virtuellen Netz-)Öffentlichkeit kommt vor allem die Aufgabe zu, die Aktivitäten und Operationen der dominanten Institutionen, wie der transnationalen Konzerne sowie Einrichtungen und der Nationalstaaten, kritisch zu betrachten und kommunikativen Druck auf sie auszuüben. Auf diese Weise kann eine voll entfaltete globale Zivilgesellschaft eine Gegenmacht darstellen, die auf transnationalen Prozessen von unten aufbaut.

»Transnationalism from above includes capitalist classes, international and other powerful elites, multinational corporations, and other supra-national organizations which produce homogenizing and elitist forces. Transnationalism from below includes the meso- and micro-level structures and processes of non-elites which generate multiple counter-hegemonic forces. They are micro in the sense that they are grounded in the lives and practices of ordinary people.« (Wong 1999: 2)

Unter der Transnationalisierung von Politik versteht man also Aktivitäten und Prozesse, die geographische, nationale und kulturelle Grenzen überschreiten bzw. Nationalstaaten transzendieren. Wir können die Unterscheidung zwischen Prozessen von oben und von unten mit den Konzepten der Globalisierung von unten und der Globalisierung von oben verbinden (vgl. Appadurai 2000). Unter der Globalisierung von oben verstehen wir Prozesse, die von institutionellen Einrichtungen, politischen Eliten oder der Wirtschaft ausgehen, während wir von Globalisierung von unten sprechen, wenn zivilgesellschaftliche Akteure oder einzelne Individuen versuchen, mit globalen Konsequenzen zu handeln. Transnationale Prozesse von oben werden unter demokratischen Gesichtspunkten kritisch betrachtet. Hand und Sandywell fassen zusammen: »[...] the objective of transnational production remains the same – profit and capital accumulation in the economic sphere, hegemony in the political sphere and ideological domination in the cultural sphere.« (Hand/Sandywell 2002: 102) In diesem Sinne wäre die Transnationalisierung von oben zum Teil als eine Tendenz zur Homogenisierung zu verstehen, gegen die sich soziale Bewegungen, transnationale Protestnetzwerke und NGOs im Sinne einer Globalisierung von unten wehren. Beispiele hierfür sind transnationale Mobilisierungen, Demonstrationen und Bewegungen, die sich mit unterschiedlichen Themen und Problemen beschäftigen können. Bei der globalen Zivilgesellschaft handelt sich um eine politische Arena, in der die Bürger und kollektive Akteure über Grenzen hinweg zusammenarbeiten, um ihre Ziele zu erreichen oder um die Regierungen und formellen Institutionen dazu zu bringen, für ihre Interessen und Aktivitäten einzutreten.

## 2.7 Transnationaler Aktivismus und Kosmopolitismus

Die Globalisierung, die unsere Gegenwart prägt, ist also ein multidimensionaler und umkämpfter Prozess, was spätestens die Proteste gegen das Treffen der *World Trade Organization* 1999 in Seattle deutlich gemacht haben, die mittels neuer Medien organisiert und koordiniert wurden. Jackie Smith (2002: 207) beschreibt diese Mobilisierung eindringlich:

»On the evening of November 29, 1999, Seattle business and political leaders hosted an elaborate welcoming party in the city's football stadium for delegates to the World Trade Organization's Third Ministerial Conference. At the same time, thousands of activists rallied at a downtown church in preparation for the first large public confrontation in what became the ›Battle of Seattle‹. Protesters emerged from the overflowing church and joined thousands more who were dancing, chanting, and conversing in a cold Seattle downpour. They filled several city blocks and celebrated the ›protest of the century‹. Many wore union jackets or rain ponchos that proclaimed their opposition to the World Trade Organization. Several thousand marchers [...] progressed to the stadium, and around it formed a human chain – three or four people deep – to dramatize the crippling effects of the debt crisis. The protest deterred more than two-thirds of the expected 5,000 guests from attending the lavish welcoming event. The human chain's symbolism of the ›chains of debt‹ was part of the international campaign (Jubilee 2000) to end Third World debt. It highlighted for protesters and onlookers the enormous inequities of the global trading system, and it kicked off a week of street protests and rallies against the global trade regime.«

Die Aktivisten in den Straßen von Seattle wurden von ungefähr 1200 NGOs in 87 Ländern weltweit unterstützt. Von diesen protestierten viele in ihren eigenen Ländern für eine grundsätzliche Reform der WTO. Eine Website der *International Civil Society* lieferte stündlich Updates über die Demonstrationen in Seattle an ein Netzwerk von ungefähr 700 NGOs in 87 Ländern. So stellt Norris (2002: 208) zur Bedeutung des Internets für politische Proteste und soziale Bewegungen fest:

»The Seattle meeting was a particularly dramatic demonstration of the potential of this medium, but it is far from alone; other well-known examples include the anti-land mine campaign in the mid to late 1990s, the anti-globalization protest against the World Bank and IMF in Prague, protests against the EU meetings in Gothenberg and the G8 summit in Genoa, and the widespread anti-fuel tax protests that disrupted European politics in October 2000.«

Die Bewegung, die sich für eine *globalization from below* einsetzt, begann aber nicht in Seattle, sondern lange davor im postkolonialen Kontext des südlichen Globus (vgl. Starr 2005: 1-18). Der neoliberalen Vorstellung von Globalisierung, die von einem transnationalen Netzwerk von Politikern, Wirtschaftsbossen und Wissenschaftlern propagiert wird, steht zunehmend eine alternative, demokratische Vorstellung gegenüber, die auf Kooperation, Inklusion, Transparenz und Partizipation aufbaut (vgl. Smith 2008). Sie kritisiert u.a., dass die globale Ökonomie demokratische Institutionen unterhöhlt und die Macht sich in einer kleinen Zahl von Ländern und Konzernen konzentriert. Zum einen stützt sich die demokratische Globalisierung auf Gruppen und Bewegungen der Zivilgesellschaft, zum anderen auf unabhängige (nichtkommerzielle) Medienorganisationen, auf Websites oder auf die *Blogosphäre*.

Wir haben also auf der einen Seite jene, die die im großen und ganzen undemokratisch ablaufenden Globalisierungsprozesse befürworten und politisch bzw. medial legitimieren, sowie auf der anderen Seite die Kritiker der neoliberalen Globalisierung, die jedoch ebenso von den globalen digitalen Kommunikations- und Informationsstrukturen Gebrauch machen müssen, um sich effizient artikulieren und handeln zu können. Nach Andretta et al. (2003) vernetzen sich neue soziale Bewegungen heute deshalb oft unter dem Stichwort »new global« und nicht »anti-global«, wie das zuvor oft der Fall war. Einig sind sich alle darin, dass der Grad der Vernetztheit zwischen Kontinenten, Staaten und Individuen steigt. Die Rolle des Nationalstaates wird in der digital fundierten Netzwerkgesellschaft neu geordnet. Er verändert seine Rolle in der Strukturierung einer politischen und sozialen Ordnung.[4] Nun müssen u.a. unterschiedliche politische Identitäten und Organisationen verschiedener Länder beachtet und koordiniert werden.

Deshalb ist ein weiterer wichtiger Orientierungspunkt unserer Studie das Konzept des »verwurzelten Kosmopolitismus« (Beck 2003). Das Internet stärkt kosmopolitische Perspektiven, weil es zu einer Verdichtung und Intensivierung des transnationalen Aktivismus beiträgt. Die Aktivisten sind in nationalen Kontexten verwurzelt, gleichzeitig aber in transnationale Netzwerke medial eingebunden. Darüber hinaus hat das Internet für Individuen und Gruppen die Möglichkeiten erweitert, sich innerhalb und außerhalb nationaler Grenzen zu vernetzen und zu mobilisieren. So nehmen in lokalen Kontexten verankerte Aktivisten Gelegenheiten zum Protest an anderen Lokalitäten wahr, die eine transnationale Bedeutung haben können, weil sie gegen *global players* gerichtet sind. Diese Eigenschaft, im politischen Handeln vom Lokalen zum Transnationalen überzugehen, basiert auf durch digitale Medien vermittelten Informationen und transnationalen Kontakten. Nichtsdestoweniger bleibt dieser neue transnationale Aktivismus, wie Tarrow (2005: 42) zeigt, in lokalen Bedingungen, Erfahrungen und Ressourcen verwurzelt. Es geht also um die Analyse der dialektischen Beziehungen zwischen globalen und lokalen Bezugsräumen. Die Aktivisten, die aus unterschiedlichen Zusammenhängen kommen, finden zusammen, weil sie Empörung, Protest und Wut verbinden. Diese gehen auf Gemeinsamkeiten in ihren Werthaltungen zurück. Es sind dann gemeinsam geschaffene und geteilte Formen der Thematisierung sozialer Probleme und ihrer möglichen Lösungen, die sie miteinander teilen. Im Sinne der Cultural Studies ist es erforderlich, in der Gewöhnlichkeit des Alltagslebens, in seinen sozialen und kulturellen

---

4 | Vgl. hierzu die instruktive und systematische Analyse von Saskia Sassen in *Das Paradox des Nationalen* (2008). Sie versucht zu zeigen, dass eine Vielfalt von Mikroprozessen das Globale innerhalb des Nationalstaates konstituiert. So entstehen grenzüberschreitende Arrangements, die aber nicht das Ende des Nationalstaates bedeuten.

Praktiken, diesen Protesthaltungen und Veränderungen nachzuspü-
ren (vgl. Winter 2001), die zur Herausbildung einer transnationalen
Öffentlichkeit, an der alle Individuen und Gruppen weltweit partizipieren, und einer kommunikativen Gegenmacht führen können.

Dabei kann eine transnationale Öffentlichkeit gerade durch den
Zugang und die kompetente Nutzung digitaler Medien, die das demokratische Potential des Internets entfalten, gefördert und getragen
werden. Deshalb werden wir im Folgenden untersuchen, ob und wie
sich eine transnationale Öffentlichkeit im digitalen Raum herausbildet
und welche Auswirkungen dies auf die Stärkung demokratischer Prozesse hat. Verbunden ist damit die Vorstellung, dass es einer grundlegenden Medienreform bedarf, um den demokratischen Bedürfnissen
einer über sich selbst bestimmenden (Welt-)Bevölkerung gerecht zu
werden (vgl. Boler/McChesney 2008). Ein auf Profitmaximierung aus-
gerichtetes Mediensystem, wie es z.B. in den USA etabliert ist, erfüllt
weder die Vorstellungen eines freien Marktsystems noch das Recht
auf Information für alle Gruppen der Bevölkerung, das für die Partizipation an einer Demokratie unerlässlich ist.[5] Deshalb ist eine zentrale
Frage, ob die populäre Macht des Internets so stark sein kann, dass sie
zur Überwindung des bisherigen Mediensystems beitragen kann, wie
der Medienreformer Robert McChesney (vgl. ebd.: 63) fragt.[6]

---

[5] | So hat in den USA in den letzten Jahren die Glaubwürdigkeit der zen-
tralen Fernsehkanäle bei der Bevölkerung abgenommen, was sich sehr deutlich am Beispiel von CNN zeigt. »From 1996 to 2002, CNN was viewed as the
most believable broadcast or cable outlet, but its ratings have fallen gradually
over time. Today, only 32 percent of those able to rate CNN say ›they can believe all or most of what they see‹ on the cable network« (Mossberger/Tolbert/
McNeal 2008: 53).

[6] | Interessant ist in diesem Zusammenhang, dass z.B. Online-Nach-
richten immer wichtiger werden. »Competing with traditional media, online
news has become increasingly important. The population of online news users
has grown dramatically in the last decade with 29 percent of Americans regularly going online for news in 2004 […]. Given this growth, we may now be
approaching a critical tipping point in which use of online news may affect
elections and engagements.« (Mossberger/Tolbert/McNeal 2008: 53)

## 2.8 Perspektiven eines alternativen Internets

Das Internet wird oft auch als Netz der Netzwerke bezeichnet, beziehungsweise als eine Hybridbildung aus bereits bekannten Medien (Computer, Telefon, Fernsehen, Radio, Printmedien). Diese besteht nicht aus einer einfachen Summation oder einer diffusen Vermischung unterschiedlicher Medien. Das Internet ist vielmehr ein hochkomplexes und äußerst sensibel organisiertes Transmedium – ein digitales Geflecht unterschiedlicher Medieninhalte (Bild, Musik, Sprache, Schrift). Nutzer können sich auf verschiedene Themen spezialisieren, an unterschiedlichen virtuellen Gruppen teilnehmen und dabei auf verschiedene andere Mediennutzer treffen. Seit seinen Anfängen ermöglicht das Internet die Herausbildung von spezialisierten Kulturen und Gemeinschaften bzw. die Verdichtung bereits existierender sozialer und kultureller Formationen (vgl. Winter/Eckert 1990; Eckert et al. 1991; Wetzstein et al. 1995). Eine besondere Bedeutung kommt den politischen und kulturellen Alternativen zu, die durch soziale und kulturelle Praktiken im Kontext des Internets entstehen. Dieses offeriert durch seine technischen Möglichkeiten radikale Weisen der Produktion, Distribution und Organisation von Medien, die an die experimentelle Politik der Alternativpresse, der freien Radios und anderer Formen aktivistischer Medien anknüpfen. So stellt Langman fest:

>»Electronic communication media have unique capacities to create democratic, participatory realms in cyberspace devoted to information and debates. Electronically mediated participation has created conditions for the emergence of new kinds of highly fluid ›mobilizing structures‹ that tend to be far less structured, with fluid networks that are more open and participatory, and are articulated across a wide variety of issues.« (Langman 2005: 44)

Dabei lässt sich die Bedeutung alternativer bzw. radikaler Medien und der Perspektiven, die sie artikulieren, nur in dem gesellschaftlichen und kulturellen Kontext verstehen, auf den sie antworten und in dem sie produziert und rezipiert werden. So stehen alternative Medien in Opposition zu den Produkten der dominanten oder zentralen Medien, weil sie differente und marginalisierte Sichtweisen zum Ausdruck bringen, wenn sie z.B. für radikaldemokratische soziale und kulturelle Veränderungen eintreten. Ihre Organisation und Operationsweise folgen in der Regel nicht kapitalistischen Geschäftsmodellen. So sind z.B. die von (jugendlichen) Fans produzierten *Fanzines* – wie Fanpraktiken generell – nicht auf Profit aus, lehnen diese Orientierung sogar explizit ab (vgl. Winter 1995). Dies gilt selbstverständlich auch für die politisch motivierten alternativen Medien, die in der neueren Diskussion bisweilen als *citizens media* (vgl. Rodriguez 2001) bezeichnet werden, weil sie auf offenem Zugang, Freiwilligkeit und Non-Profit basieren. Zudem treten sie für Diversität, Pluralität und progressiven sozialen Wandel ein.

So betrachten viele Aktivisten das Internet als ein Werkzeug, um sich eigene offen stukturierte und demokratisch gestaltete Räume zu schaffen, die die Grundlage für eine bessere Zukunft sein sollen. Gerade das *social web*, das auf Web 2.0 basiert, schafft die Bedingungen für neue digitale Taktiken, die auf eine radikale Demokratisierung des Wissens und die Pluralisierung von Stimmen, Perspektiven und Quellen zielen. *Wikipedia, YouTube, Flickr* und *Twitter* sind hierfür wichtige Beispiele. So kann *Flickr*, ein Web-Dienstleistungsportal, mit dem Bilder archiviert und verbreitet werden können, von Aktivisten genutzt werden, um mittels des Handy Bilder zu posten und auf einer ad hoc eingerichteten Seite im Internet zu veröffentlichen. Auf diese Weise kann z.B. Polizeigewalt bei Demonstrationen dokumentiert werden. Diese digitalen Praktiken definieren die Wirklichkeit auf vielfältige Weise neu, definieren und rahmen sie anders als dies die zentralen Medien tun. Damit verbunden sind Hoffnungen auf eine Demokratisierung der sich herausbildenden globalen Gesellschaft, die sich in der Konzeption einer transnationalen Öffentlichkeit verdichten.

## 2.9 Widerständige digitale Praktiken

Cultural Studies haben die Rezeption und Aneignung von Medien in unterschiedlichen kulturellen und sozialen Kontexten zu einem wichtigen Forschungsthema gemacht. Ihre Studien zu jugendlichen Subkulturen, zur Fernsehrezeption und Fankulturen zeigen, dass die Mediennutzung, die oft gemeinschaftlich erfolgt, produktive, kreative und bisweilen subversive Aspekte haben kann (vgl. Winter 1995; Hörning/Winter 1999). Diese entfalten sich gerade in Abgrenzung bzw. in Opposition zur dominanten Kultur und ihren Machtstrukturen. So kann die Aneignung von Fernsehserien bisweilen als Widerstand gegen hegemoniale Sinnstrukturen begriffen werden (vgl. Fiske 2001), wenn z.B. soziale Rollendefinitionen, Identitätsmuster oder Normalitätserwartungen subversiv unterlaufen, parodiert oder abgelehnt werden. Den Cultural Studies geht es um alltägliche Veränderungen von Bedeutungen, Einstellungen und Wertorientierungen, um die Entfaltung des produktiven und kreativen Potentials der Lebenswelt, um die Kritik an Machtverhältnissen, um Momente der Selbstermächtigung, die vielleicht schnell vergehen, aber trotzdem prägend und einflussreich sein können (vgl. Winter 2001).

Offen bleibt bei diesen eher optimistischen Lesarten der Populärkultur, ob und inwiefern auf die ermächtigenden Akte der Medienrezeption, in denen um Bedeutungen sowie Vergnügen gerungen wird und in denen sich ein Eigensinn entfaltet, kulturelle und gesellschaftliche Veränderungen folgen, die über die Momente von Rezeption und Aneignung hinausgehen. Die kreativen Alltagspraktiken im Umgang mit Medien können sich in ihrer Wirkung auch darauf beschränken, dem Handelnden zu helfen, sich besser zurechtzufinden oder die Banalität des Alltagslebens leichter zu ertragen, indem man sich zeitweilig von einschränkenden Erwartungen distanziert, sich in Machtstrukturen taktisch verhält oder kleine Fluchten ergreift.

Dagegen lassen sich alternative bzw. radikale Medien (vgl. Downing et al. 2001), zu denen wir die Medien von Protestgruppen, Aktivisten, sozialen Bewegungen, Subkulturen, aber manchmal auch von Fans und Hobbyisten zählen, von vornherein als *channels of resistance* begreifen, die explizit, absichtlich und mit Engagement hegemoniale Strukturen in Frage stellen und in einem symbolischen Kampf um Bedeutung herausfordern (vgl. Hebdige 1979; Atton 2004, Kellner 2005). Sie sind weder den Gesetzen der Marktlogik unterworfen noch vom Staat abhängig. Sie operieren im Bereich der sich konstituierenden (transnationalen) Zivilgesellschaft. Nick Couldry (2000) weist darauf hin, dass alternative Medien es einer *community of citizens* erlauben, sich in einer demokratischen Praxis zu engagieren, die auf Dialog, weitgehender Kontrolle über symbolische Ressourcen und Repräsentationen der Wirklichkeit sowie auf Offenheit beruht.

Somit wird im Bereich der Cultural Studies ein neues Forschungsfeld eröffnet, das (digitale) Medienkulturen innerhalb sozialer Bewegungen und alternativer Gemeinschaften untersucht, und auch erforscht, wie sie durch die Kommunikationen in Gemeinschaften und Bewegungen erst geschaffen werden (vgl. Atton 2004: 3f.). Im Sinne von James Carey (1989), einem Begründer der amerikanischen Cultural Studies, wird Kommunikation als Kultur und Kultur als Kommunikation begriffen.

Die demokratischen Hoffnungen, die mit dem Internet verbunden werden, stützen sich darauf, dass das globale Kommunikationsnetz immer dichter, an Perspektiven reicher und pluralistischer wird. Im Zentrum unserer Studie steht deshalb die Frage, inwiefern die digitalen Technologien zur Bildung einer Raum- und Zeitgrenzen überschreitenden transnationalen Öffentlichkeit beitragen können, an der alle Individuen und Gruppen weltweit partizipieren können. Wird

über die transnationale Öffentlichkeit eine demokratische Weltgesellschaft möglich, oder worin liegt das oft behauptete demokratische Potential der virtuellen Kommunikation? Können digitale Technologien
dazu beitragen, dass in einer transnationalen Öffentlichkeit emanzipatorische politische Möglichkeiten entfaltet werden und eine Gegenmacht zur neoliberal organisierten Wirtschaft und zur Welt der Nationalstaaten entwickelt wird?

# 3 Kommunikative und kulturelle Dimensionen des Internets

> »The information is out there, it is just going nowhere.«
> Arundhati Roy

## 3.1 DIE DREI PHASEN DES INTERNETS

Die Entstehung und Entwicklung des Internets während der letzten drei Jahrzehnte des 20. Jahrhunderts war das Ergebnis einer einzigartigen Verschmelzung militärischer Strategie, umfassender wissenschaftlicher Kooperation, technologischen Unternehmertums und gegenkultureller Innovation (vgl. Castells 2001b). Im Internet kommt es zu einer Konvergenz von Kommunikationstechnologien:

> »It is a network over which a variety of media can flow without regard to their specific qualities. Thus, the Internet can emulate traditional media such as print, radio broadcasting, telephony, television, and other existing technologies. But the Internet not only facilitates the traditional modes of one-to-one communications (as with telephone and telegraph), it also permits new forms of many-to-many and peer-to-peer communications and sharing.« (Lim/Kann 2008: 81)

In der *ersten Phase* arbeiteten Wissenschaftler an einem Netzwerk, das in der Lage war, seine Knoten ohne Einsatz von Kontrollzentren kommunizieren zu lassen. Die dezentrale Struktur des Internets entstand. Das erste Computer-Netzwerk ging am 1. September 1969 *online*. Gleichzeitig trat eine Computer-Gegenkultur in Erscheinung. Sie war intellektuell mit den rebellischen und revolutionären Bewegungen der sechziger Jahre des 20. Jahrhunderts in ihren libertär-utopischen Ausprägungen verknüpft. So waren für die Hacker die Hippies ein Vorbild (vgl. Saco 2002: 116ff.). Sie teilten mit ihnen ein Misstrauen gegenüber Autoritäten und vertraten zum einen antizentralistische und individualistische Sichtweisen (»Do Your Own Thing!«), zum anderen kommunitaristische Einstellungen (»Power to the People«).

Vor allem Studierende und Wissenschaftler tauschten über das Internet Software aus und passten die Programme an ihre persönlichen Bedürfnisse und Problemlagen an. Auf diese Weise wurden die Programme immer weiter entwickelt und professionalisiert. Diese Phase war also durch wissenschaftliche und erfinderische Innovationen gekennzeichnet. Sie war textbasiert und nicht kommerziell.

In der *zweiten Phase* des Internets, der »euphorischen, spekulativen Periode« (Lovink 2008: 10), kam es zu einer Kommerzialisierung des digitalen Raumes, der immer mehr Menschen zugänglich wurde. Kommerzieller Druck, das Wachstum der Netzwerke privater Konzerne und gemeinnütziger kooperativer Netzwerke führten im April 1995 zur Schließung der letzten von der US-Regierung betriebenen Basis des Internets. Auf der Grundlage neuer Informations- und Kommunikationstechnologien konnte eine Intensivierung wirtschaftlicher Globalisierung erfolgen. *Online*-Management ermöglichte es Unternehmen, überall in der Welt zu arbeiten. Die transnationalen Güter- und Dienstleistungsnetzwerke bedienten sich eines interaktiven Kommunikations- und Informationssystems, um Rückkoppelungsschleifen zu garantieren und für die Koordination dezentralisierter und flexibler Produktion und Distribution zu sorgen (vgl. Harvey 1989).

In der *dritten Phase* nach dem *Dotcom-Crash* und 9/11 tummeln sich im auf Web 2.0 basierenden, multimedialen Internet Akteure mit unterschiedlichen kulturellen Hintergründen, (Macht-)Interessen, Themen und Zielen. Wie Henry Jenkins zeigt, entsteht eine Konvergenzkultur, »where old and new media intersect, where grassroots and corporate media collide, where the power of the media producer and the media consumer interact in unpredictable ways« (Jenkins 2006c: 2). Dies ist mit einem zunehmenden Medienaktivismus verbunden. Es kommt auch zu einer weiteren Pluralisierung und Differenzierung von Spezialkulturen (Winter/Eckert 1990), kommunikativer Praktiken und neuer Subjektivitäten.

»What we are seeing now is a proliferation of niches in subculture, such as English-language fandoms of Japanese animation [...] teens anywhere in the United States can gain access to niche media from Japan that they would have never been able to get their hands on a decade ago.« (Ito 2008: 10)

Seit im Internet nicht nur Texte, sondern Bilder, Töne, Filme und 3D-Welten verfügbar sind, ist die Zugänglichkeit von Medieninhalten, die genutzt werden können, entschieden gewachsen. Aus den Nutzern von Inhalten werden Produzenten eines geteilten Wissensraums. Dieser Prozess wird als *Produsage* bezeichnet (Bruns 2008). Oft werden die Inhalte in einem auf Partizipation angelegten, kollektiven und kooperativen Prozess angeeignet sowie gemeinsam bewertet. Die zusammen produzierten Texte werden zu einem kollektiven Besitz. So entwickeln z.B. Fangruppen ein spezialisiertes Wissen und teilen es. Dabei bilden sich auch viele Nicht-Mainstream-Identitäten und alternative Subkulturen heraus, die die dominante Kultur in Frage stellen und Netzwerke zur politischen Mobilisierung schaffen. »Much like the hypertextual nature of the Web itself, the identities of Internet subcultures are often hybrid and complex themselves, revealing a tendency to evolve through constant reorganization and affiliation with other Internet subcultural groups« (Kahn/Kellner 2003: 300).

Vor allem in den letzten Jahren ist es zu einer Festigung und einem verstärkten Auftreten gegenkultureller Nutzungsgewohnheiten gekommen. Die digitalen Medien werden von zivilen transnationalen Bewegungen genutzt, um z.B. in *Blogs* alternative Räume zu den kommerziellen der Kulturindustrie zu schaffen. Sie bauen sich komplexe Netzwerke auf, indem sie die dezentrale Struktur des Internets für ihre Zwecke einsetzen. Dabei folgt auch der *citizen journalism* dem Prinzip der *Produsage*, wie Axel Bruns (2008, Kap. 4) eindringlich zeigt. Nachrichten werden nicht als fertige Produkte betrachtet, sondern als temporäre Artefakte, die einem nicht aufhörenden Prozess der Interpretation und der Veränderung unterworfen werden. »Industrial journalism produces news as resulting from a process of journalistic evaluation, citizen journalism produses news as material for a continuing process of community exploration, interpretation, discussion, evaluation, and deliberation.« (Bruns 2008: 83) Die offene und gemeinsame Exploration gesellschaftlicher Fragestellungen, Dialog und Deliberation charakterisieren diese Form von Journalismus, der oft die Funktion des *Gatewatching* hat.

»It is evident even from a casual glance at the sites and blogs of citizen jour-
nalists that in many cases the producers involved treat the products of the industrial journalism process as raw material for their own work; journalistic
content is repursed, reappropriated, and remixed as is required for its use as a
catalyst for citizen journalism, and traditional news content is therefore intro-
duced into the open news pool with little regard for questions of copyright or
fair use.« (Bruns 2008: 93)

Seit den weltweiten Kampagnen gegen die neoliberale Globalisierung
und der Einrichtung des Weltsozialforums (WSF) 2001, das sich für
eine auf globaler Partizipation basierende Demokratie einsetzt, ist
klar, dass die transnationalen Aktivisten ein gut funktionierendes virtuelles Netzwerk geschaffen und alternative journalistische Praktiken
(z.B. in Form von Blogs) entwickelt haben, mit der sie gegen die ihrer
Ansicht nach negativen Folgen und Gefahren der neoliberalen Globalisierung kämpfen. Auch in anderen gesellschaftlichen Auseinandersetzungen werden Blogs genutzt. So haben z.B. Jugendliche in Blogs,
insbesondere auf Skyblog, über die Unruhen in den französischen
Banlieus im Jahr 2005 berichtet. In ihren Stellungnahmen, die zum
Teil vom Moderator zensiert wurden, wurde deutlich, dass sie nicht
alle gewalttätig sind und sich entschieden gegen denunzierende Darstellungen in den zentralen Medien wehren, als deren Opfer sie sich
fühlen. Viele von ihnen haben ein sehr reflexives und distanziertes
Verhältnis zu den Gewaltausbrüchen (vgl. Blondeau 2007: 344). Bevor
wir diese Perspektive einer politischen Nutzung der digitalen Medien
weiter verfolgen, möchten wir auf die Ungleichheiten in Bezug auf die
Möglichkeiten der Internetnutzung eingehen.

## 3.2 Skeptische Stimmen

Im multimedialen Internet tummeln sich Akteure mit unterschiedlichen Interessen. Politische Teilöffentlichkeiten bilden sich heraus,
deren erklärtes Ziel es ist, demokratische Prozesse zu initiieren und
zu fördern. Eine Aufgabe der offiziellen Politik könnte nun gerade darin bestehen, die Bildung einer demokratischen Netzöffentlichkeit zu
unterstützen, deren Diskurse in die politische Entscheidungsfindung
einzubeziehen und engagierte Debatten zu initiieren. Pessimistische
Stimmen wie die von Jodi Dean (2008) weisen aber darauf hin, dass
dies in der Regel nicht der Fall ist. Akteure des Staates, der Unternehmen und der dominanten Medien antworten oft nicht auf den im
Internet artikulierten Dissens und setzen diesen widerständigen Auf-

fassungen ihre eigenen Positionen und Beiträge gegenüber. Zudem führe die Vielfalt von Widerstandspunkten zu einer Fragmentierung des digitalen Protests, der die Herausbildung einer starken Gegenhegemonie geradezu verhindere: »The proliferation, distribution, acceleration, and intensification of communicative access and opportunity, far from enhancing democratic governance or resistance, results in precisely the opposite, the postpolitical formation of communicatice capitalism.« (Dean 2008: 102) Deans skeptische Einschätzung hilft Euphorie zu vermeiden, weil sie zeigt, dass viele Versprechungen, die mit dem Internet verbunden sind, auch wichtige Elemente des kapitalistischen Imaginären sind. So scheinen die Verfügbarkeit und Zirkulation von Botschaften im Internet, die dessen Datenstrom aufrechterhalten, oft wichtiger als ihre Bedeutung, ihre Sender oder Empfänger zu sein. Der Tauschwert dominiert über den Gebrauchswert. Dean (2008: 107) ist der Auffassung, dass der Wert einer Botschaft umgekehrt proportional zur Zugänglichkeit und zum Ausmaß des zirkulierenden Datenstroms sei. In gewisser Weise bringe die Kommunikation ihre eigene Negation hervor.

Diese Konzeption einer »repressiven Toleranz« im Sinne von Herbert Marcuse macht aber blind für die oft unsichtbar bleibenden kulturellen und gesellschaftlichen Veränderungen durch digitale Praktiken, die sich im Alltag abspielen und die nichtsdestotrotz zu einer allmählichen Transformation von Machtverhältnissen führen können. Wenn wir im weiteren Verlauf der Studie die politische Nutzung und den Gebrauch digitaler Medien untersuchen, wird deutlich, dass hier die Öffentlichkeit sowohl revitalisiert als auch transformiert wird. Erst die theoretische und empirische Untersuchung der Herausbildung dichter Netzwerke von transnationalen Aktivisten und der Konstitution von Gegenöffentlichkeiten kann synthetisierende Schlüsse zulassen, die Dean alleine auf der Basis von Beobachtungen und theoretischen Annahmen trifft.

Eine demokratische Öffentlichkeit sollte offen sein für alle, die daran teilnehmen wollen. Es bestehen jedoch nationale und globale Ungleichheiten in Bezug auf die Möglichkeiten der Internetnutzung. Nach Rice (2002: 106) lässt sich die *digital divide* definieren als: »the differential access to and use of the Internet according to gender, income, race, and location«. In vielen Ländern hat nur eine Minderheit Zugang zum Internet und manche Weltteile sind sogar größtenteils überhaupt nicht an das virtuelle Netzwerk angebunden: »In respect of technology, the main perceived problem lies in increasing ›information gaps‹, fragmentation of publics and the effective exclusion of large numbers of citizens from adequate informational resources for active engagement in politics.« (Bennett/Entman 2001: 202)

Wie Nick Couldry (2004: 189) feststellt, wissen wir wenig darüber, wie die unterschiedlichen Nutzungsformen gestaltet sind und welche qualitativen Unterschiede sie aufweisen. Vieles weist darauf hin, dass die *light users* das Internet nur für sehr eingeschränkte Dienste wie die Mailkorrespondenz nutzen, oder sie besuchen die digitalen Seiten großer traditioneller Medien, um sich dort Informationen zu beschaffen und sie zu konsumieren. Die Art der Nutzung der Informationsangebote ist in diesen Fällen vorstrukturiert und nicht auf Interaktivität oder Partizipation angelegt. Die Nutzer orientieren sich – gemessen an Zugriffszahlen – an den Angeboten der großen Medienkonzerne im Internet, denen eine Art Seriositätsbonus im Netz vorauseilt. Der am meisten benutzte Dienst innerhalb des Internets war zu Beginn des 21. Jahrhunderts immer noch mit Abstand die E-Mail, darauf folgen dann das gezielte Suchen von Informationen und das oft ziellose Surfen im WWW. Dies gilt wahrscheinlich auch noch heute, weil viele Länder im Süden des Globus nur über geringe Datenübertragungsraten verfügen, so dass sie primär die E-Mail effektiv einsetzen können (vgl. Sassen 2008: 587f.). Die Teilnahme an Gesprächsforen und Newsgroups lag bei den Einsatzmöglichkeiten des Internets laut Neuman (2001: 306f.) nur im Mittelfeld. Zudem schien eine aktive Teilnahme an politischer Aktivität, im Sinne diskursiver Auseinandersetzungen, im digitalen Netzwerk bei vielen Nutzern eher auf geringe Resonanz zu stoßen. Zweifellos hat aber Web 2.0 die Lust an der Partizipation erhöht und vielfältige Formen aktiver Teilnahme und Zusammenarbeit geschaffen. Diese Formen der Nutzung sind aber oft nicht politisch motiviert, auch wenn die Nutzer sehr aktiv und produktiv sind.[1] Es gibt aber Teilnehmer, die sich in *Online*-Diskussionen engagieren oder sich mittels digitaler Medien in sozialen Bewegungen und gegen antidemokratische Kräfte mobilisieren (vgl. Lim/Kann 2008: 80). En-

---

1 | Eine sehr skeptische Betrachtung der Möglichkeiten von Web 2.0 legt Ramón Reichert mit seiner Studie *Amateure im Netz* (2008) vor. Er folgt vor allem Foucaults (1993) Überlegungen zu Selbsttechnologien und dem Normalismuskonzept von Jürgen Link (1997). So seien die Selbstpraktiken der Amateure Ausdruck von Kontrolldiskursen, die auf eine flexible Normalisierung zielen würden. Wie einige Interpreten von Adornos Philosophie unterschätzen aber auch Link und Reichert die Möglichkeiten emanzipatorischer Veränderung. Eine kritische Theorie lehnt diese Engführung ab und versucht die Bedingungen von Transformationen, ›soft subversions‹ bzw. von Fluchtlinien in der Gegenwart aufzuzeigen.

gagierte Aktivisten bewegen sich permanent in digitalen Netzwerken, artikulieren Dissens und streben eine transnationale Öffentlichkeit an, die eine kommunikative Gegenmacht entfalten soll. So stellen Lim und Kann (2008: 101) fest: »[...] the Internet opens the door to part-time deliberation and part-time activism.«

## 3.3 Zugangsbarrieren und Einschränkungen der Kommunikation

Die Zugangsbarrieren entstehen durch Bedingungen, die in der realen Welt angelegt sind und sich im virtuellen Raum fortsetzen. Es gibt zahlreiche Hindernisse, die eine Beteiligung an virtuellen Welten und damit an digitalen politischen Prozessen verhindern. Diese *digital divide* lässt sich jedoch nicht einfach durch das Zur-Verfügung-Stellen der Technologie beheben, denn sie ist in kulturelle und soziale Differenzen sowie Ungleichheiten eingebunden, die auch die Nutzung digitaler Technologien prägen (vgl. Couldry 2004: 192). Es ist eher so, dass sich im Gebrauch von Medien Ungleichheiten reproduzieren und stabilisieren (vgl. ebd.: 193). Hierzu kommt, dass die Qualität der technologischen Infrastruktur eine wichtige Rolle in der Ausbildung und Effektivität von Netzwerken spielt.

»The digital divide is resilient because of the bar of technological sophistication continues to rise. Even as larger masses of people gain access to digital technologies and networks through mobile phones, big broadband and state-of-the-art personal computers remain out of reach for most.« (Ito 2008: 7)

Macht wird teilweise auch direkt ausgeübt, beispielsweise über die Sperrung gewisser Seiten, den Ausschluss von Nutzern aus bestimmten digitalen *Communities* oder bei der Vergabe von Internetadressen. Seit 1998 gibt es eine Art zentrale Autorität, welche Kerngebiete des Netzes reguliert: die *Internet Corporation for Assigned Names and Numbers (ICANN)*. Dies ist eine Einrichtung, die die Vergabe von Internetadressen[2] und Domain-Namen übernommen hat. *ICANN* ist direkt vom US-Handelsministerium und damit von der Regierung in Washington abhängig. Eine Einbindung in die Geschäfte dieser Institution bleibt somit meist den Mitgliedern der politischen und wirtschaftlichen Eliten vorbehalten. So stellt Hunter (2004: 141f.) fest: »Most of what it does is published online, analyzed in detail, and criticized endlessly [...] through ineptitude, foolishness, or rampant power

---

2 | Netzadressen sind für die Ausbildung einer Netzidentität notwendig.

mongering by its administrators, it fails to meet its democratic obliga-
tions.« Die Herstellung von Transparenz über Entscheidungsmecha-
nismen ist daher von höchster Relevanz. So versuchen die großen zivilgesellschaftlichen Organisationen, Vergabeprozesse zu überwachen
und publizieren ihre Eindrücke im Internet. Auch in den Händen von
Konstrukteuren und Erfindern von Foren und anderen virtuellen Plät-
zen sammelt sich Macht. Tambini stellt zur Macht von Administra-
toren fest: »Administrators of discussion groups have agenda-setting
power as they choose titles of discussion groups and prepare lists of
FAQs (= frequently asked questions), censor and edit messages [...] and
so forth.« (Tambini 1999: 320)

Ebenso verhindern kulturelle Barrieren die uneingeschränkte
Nutzung der neuen Kommunikationstechnologien, genau wie die
Entwicklung ziviler Internetportale. Die digital untermauerte Exten-
sion der Demokratie bzw. der *digital citizenship* (Mossberger/Tolbert/
McNeal 2008) ist nicht nur abhängig vom technologischen Fortschritt,
wie manche Experten annehmen, sondern auch von einem erforderlichen tiefgreifenden kulturellen und gesellschaftlichen Wandel. Dem
einzelnen müsste ganz bewusst eine aktive Rolle in politischen Prozessen zugewiesen werden – auch außerhalb des digitalen Raums. Hinzu kommt, dass die sozialen Strukturen in modernen Gesellschaften
sehr komplex sind, speziell die arbeitsteilige Organisation von Politik,
die Expertenkenntnisse und Spezialisierungen voraussetzt und damit
die Beteiligung von Bürgern begrenzt (vgl. Plake et al. 2001: 65).

Wir denken an dieser Stelle z.B. an die Homepage der EU, deren
Inhalte aufgrund eines hohen Abstraktionsniveaus meist spezifisches
Fachwissen voraussetzen (vgl. http://ec.europa.eu/). Das virtuelle Angebot besteht hauptsächlich aus Gesetzestexten und entsprechenden
Papieren. Man bekommt schnell das Gefühl, als wären diese Seiten
nicht für den Laien bestimmt, sondern für interessierte Experten –
auch wenn Navigationshilfen zur Verfügung stehen. Aufgrund des
hohen Abstraktionsniveaus fällt es schwer, Verbindungen zum alltäglichen Leben und seinen Problemlagen herzustellen. Die Mehrheit der
Nutzer entwickelt wahrscheinlich ein Desinteresse.

Es wird oft gefordert, dass Regierungen aktiv eingreifen sollten,
um jedem eine Teilhabe an der virtuellen Welt zu ermöglichen. Dies
wird z.B. durch öffentliche Internetzugänge in staatlichen Institutionen wie Bibliotheken, Schulen oder ähnlichen Orten versucht. Doch
van Dijk (1999: 150f.) nennt einige Argumente dafür, warum es trotz
dieser Bemühungen in den nächsten Jahrzehnten wahrscheinlich
keinen universellen Internetzugang geben wird. So können sich viele
Haushalte mit geringem Einkommen die digitalen Medien nur schwer

oder nur eingeschränkt leisten, weil Hard- und Software regelmäßig erneuert werden müssen. Ebenso gehören spezifische Kompetenzen dazu, um spezialisierte Informationen im Internet zu finden oder sogar selbst zu produzieren. So stellen Mossberger/Tolbert/McNeal (2008: 14) fest:

»Skills vary widely, including information literacy (the ability to find, evaluate, and use information online) and technical competence. The poor, the less educated, older individuals, African Americans, and Latinos are significantly less likely to report being able to find information online, controlling for other factors. These same groups are also the least likely to have the technical competence to use hardware and software.«

Es zeigt sich, dass in der Regel eher Nutzer, die bereits einen Kompetenz- und Informationsvorsprung haben, nach Zusatzinformationen suchen und sich Expertenwissen aneignen können. Wie das Lesen von Zeitungen erfordert auch das Internet ausgeprägte literale Kompetenzen, um es sinnvoll und effektiv nutzen zu können (Mossberger/Tolbert/McNeal 2008: 54).

Ein Zugang für alle ist wichtig, aber nicht alleine entscheidend, denn es kommt auch auf die kontextuelle Einbettung des Internetkonsums an. Nutzer empfangen die gleichen Informationen, können sie jedoch infolge ihres kulturellen Kapitals und ihrer Medienkompetenz verschieden einordnen, verwenden unterschiedliche Verständnisrahmen und konstruieren differente Bedeutungen. In den neuen Medien stehen heterogene Informationsräume und diskursive Arenen zunächst gleichberechtigt nebeneinander. Dadurch wird der Anschein eines ungefilterten Informationsbestandes erweckt. Die Selektionsleistung wird allerdings über den Umweg der knappen Aufmerksamkeit wieder eingeführt. Dem Entzug von Aufmerksamkeit kann jedoch nur durch eine interaktive und kommunikative Öffnung begegnet werden. So sollte die institutionelle Politik der Zivilgesellschaft mehr Zugangskanäle zu ihren digitalen Portalen bieten, will sie ihre virtuellen Angebote interessanter machen. Dies kann beispielsweise in Form von interaktiven Komponenten wie *Chats*, Foren, virtuellen Konferenzen oder Mailboxsystemen geschehen. Durch *Hyperlinks* können auch Vernetzungen mit zivilgesellschaftlichen Portalen hergestellt werden.

Diese hohe Wertigkeit von Aufmerksamkeit hat auch Einfluss auf veraltete politische Vorstellungen, in denen ein Kern politisch formeller und institutioneller Entscheidungsträger einer an der Peripherie gelegenen marginalisierten Öffentlichkeit gegenübersteht. Wie erwähnt, ist aufgrund der Netzwerkhaftigkeit eine Ordnung entlang dieser Unterscheidung nicht mehr möglich. Vielmehr entstehen politische Öffentlichkeiten nunmehr fallweise an je verschiedenen Knotenpunkten im Netz, die eine ausreichende Aufmerksamkeit erlangen und somit innerhalb der Netzöffentlichkeit zentrumsähnliche Aufgaben wahrnehmen. Als wichtigste Aufgabe bei der Institutionalisierung politischer Projekte in der Netzöffentlichkeit muss daher das Erlangen der Aufmerksamkeit interessierter Individuen, Gruppen und Institutionen gelten.

Im Prinzip kann sich zwar jeder im Netz äußern, aber oft nehmen nur wenige oder sogar niemand Notiz davon. Um Gehör zu finden, bedarf es bestimmter Fähigkeiten, wie einem angemessenen Argumentationsniveau, technischem Wissen zur Konstruktion von Webseiten, methodischen Kompetenzen, dem Wissen über die inhaltliche und formale Gestaltung einer Webseite und ähnliches. Die Zunahme der Verfügbarkeit von Informationen im Internet, die frei zugänglich sind, kann demokratische Prozesse stärken. Entscheidend ist aber, dass auch ein leichter Zugang zu ihnen gegeben ist (vgl. Lax 2004). Auf der Basis einer Analyse von Umfragedaten kommen Mossberger/ Tolbert/McNeal (2008) zu dem Ergebnis, dass der Konsum politischer Informationen im Internet, das politische Wissen erweitert, das Interesse an Politik stärkt und staatsbürgerliches Engagement fördert. »Individuals who consume political information online are more likely to participate in political discussions, have higher levels of political knowledge, and have more political awareness, as measured by political interest.« (ebd.: 65) Die Autorinnen sind optimistisch, weil eine anwachsende Zahl von Menschen, insbesondere Jugendliche, politische Informationen *online* rezipieren.

»The impact of digital citizenship is most profound for young people. The young – a demographic group with the lowest civic and political participation – have the highest probability of seeking online political news and becoming active in politics online. Because the young are more likely to have technology access and use online news.« (Mossberger/Tolbert/McNeal 2008: 66)

Sie fordern, dass jeder die Möglichkeit haben sollte, ein *digital citizen* zu sein. Darunter verstehen sie die tägliche kompetente und effektive Nutzung des Internets, die eine Partizipation an der Gesellschaft darstellt.

## 3.4 Gegenstrategien der zivilgesellschaftlichen Akteure

Politisch motivierte Gegenkulturen, die sich um den Computer kristallisieren, und transnationale zivilgesellschaftliche Organisationen wollen das Potential der digitalen Medien nutzen, um gegen die Kommerzialisierung und Regulierung des virtuellen Raumes anzutreten und um politische, soziale und kulturelle Veränderungen zu bewirken. Hierbei können wir zwischen verschiedenen Formen des Sendens und Empfangens von Informationen im Internet unterscheiden (vgl. Olesen 2005: 50f.). Ein Aktivist kann E-Mails an eine oder mehrere Personen verschicken, die dann in der Regel von diesen an andere Personen und Gruppen weitergeleitet werden (geschlossener oder semi-privater Zusammenhang).[3] Dann gibt es moderierte oder unmoderierte *Listserver*, über die Informationen verschickt werden und die diese archivieren und verfügbar halten (halböffentlicher Zusammenhang). Schließlich sind die öffentlich zugänglichen Websites zu nennen, mit denen Individuen und Gruppen Informationen posten können. Diese sind mit anderen Websites verlinkt und ermöglichen so die Navigation zwischen verschiedenen Informationen.

Eine wichtige Institution ist hierbei die (bereits erwähnte) *Electronic Frontier Foundation*. Sie ist eine durch Spenden finanzierte NGO. Ihre Mitglieder wollen die Freiheiten und Rechte aller Internetnutzer gegen Zensur, staatliche Regelungen und wirtschaftliche Eingriffe verteidigen. Subsumiert werden solche Vereinigungen wie die *EFF* (*www.eff.org*) und andere unter dem Begriff Netzkritik. Diese widmet sich der Entwicklung des Internets in den letzten zehn Jahren, insbesondere im Hinblick auf dessen Kommerzialisierung und staatliche Regulierung, und sucht nach Gegenstrategien. So beschäftigen sich z.B. die Mitglieder der *EFF* mit *Online*-Rechten, betreuen Gerichtsverfahren, starten Initiativen gegen *Online*-Zensuren und bieten eigene Informationskanäle an. Die *Electronic Frontier Foundation* geht in ihren Aktionen von basisdemokratischen Vorstellungen aus. Als Ideal wird das Bild eines unabhängigen Kosmos Internet gezeichnet, der

---

3 | Die Untersuchung von Wall (2007) zur Nutzung von E-Mail-Listen durch *Friends of the Earth*, *Direct Action Network* und *People's Global Action* bei den Protesten in Seattle 1999 kommt zu dem Ergebnis, dass das Internet hilfreich bei der Verbreitung von Informationen und bei der Organisation der sozialen Bewegungen ist. Kollektive Identitäten können jedoch durch den E-Mail-Verkehr alleine nur schwer ausgedrückt werden. »This may be because social movements require a level of participation, commitment and trust that internet communication does not always create.« (Wall 2007: 274)

transnationale Öffentlichkeiten entstehen lässt, die für jedermann offen und zugänglich sein sollen.

Andere Organisationen und Bewegungen mit ähnlichen Zielsetzungen sind beispielsweise *The Global Internet Policy Initiative* und *Center for Democracy and Technology*. Die Mitglieder der ersten Vereinigung beschreiben ihre Initiative so:

»The Global Internet Policy Initiative is a network of non-profit, non-governmental organization's supporting adoption in developing and transitional countries of the legal and policy framework for an open and democratic Internet. GIPI is a network of networks. Its members work with local stakeholders in consultative, coalition-based efforts to promote the principles of a decentralized, accessible, user-controlled, and market-driven Internet.« (www.internet policy.net/, 05.03.2007)

Die zweite Einrichtung wird folgendermaßen umschrieben:

»The Center for Democracy and Technology works to promote democratic values and constitutional liberties in the digital age. With expertise in law, technology, and policy, CDT seeks practical solutions to enhance free expression and privacy in global communications technologies. CDT is dedicated to building consensus among all parties interested in the future of the Internet and other new communications media.« (www.cdt.org./about/, 05.03.2007)

Die Ziele dieser Organisation sind:

- »eine einheitliche Internetkultur
- Meinungsfreiheit im digitalen Netz
- das Recht auf Privatsphäre im digitalen Raum
- Gegenstrategien zur digitalen Überwachung
- Internetzugang für alle
- die Nutzung der neuen Medien für demokratische Partizipation«
(übersetzt nach »CDT Mission and Principles«: www.cdt.org./mission/, 05.03.2007)

Interessant ist, dass das CDT keine Förderungen durch die Regierung erhält bzw. diese erst gar nicht annehmen würde. Es wird vor allem durch Fonds, internationale Institutionen, Handelsvereinigungen und andere Förderer unterstützt (vgl. www.cdt.org./mission/funding.php, 05.03.2007).

Um potentielle Mitglieder in das eigene Netzwerk inkludieren zu können, werden auch Trainingsprogramme von zivilgesellschaftlichen

Portalen angeboten und Organisationen versuchen, gratis oder kostengünstig Internetzugänge zu schaffen. Dazu ein Beispiel: *I train Online* ist eine gemeinsame Initiative von sechs Organisationen mit dem Hauptaugenmerk auf Computer- und Internettraining für Entwicklungsländer. *I train Online* findet sich auf der Homepage von *One World*, sowie auf jener von *Association of Progressive Communication*. Die Ausbildungsgebiete reichen von Computer- und Internet-Basiswissen bis hin zu technisch anspruchsvollen Anwendungen und Vorgehensweisen. Auch werden sozialen bzw. zivilgesellschaftlichen Bewegungen Möglichkeiten aufgezeigt, wie sie ICTs (*Information and Communication Technologies*) für den Einsatz in und zum Aufbau der jeweiligen Organisation besser nutzen können. Partner von *I train Online* sind: *One World Network, Association for Progressive Communications* (APC), *Bellanet International Secretariat, International Institute for Communications and Development* (IICD), *International Network for the Availability of Scientific Publications* (INASP) und die UNESCO.

Angebote von *I train Online* sind z.B.:

• »*basic skills* (die ersten Arbeitsschritte mit dem PC, Finden von Informationen im Internet, Bedienen von E-Mail Programmen ...)
• *strategic use* (wie man technologische Ressourcen für den Aufbau und/ oder Ausbau einer Organisation nutzt – bezogen auf zivilgesellschaftliche Bewegungen als Hauptkonsumenten)
• und weitere Bildungsangebote zu Webdesign, Multimedia-Anwendungen oder auch Programmieren (...)
• ein eigener Bereich für die Weiterbildung von Trainingspersonal
• und ein Bereich, der auf die Interessen von Frauen zugeschnitten ist« (vgl. www.itrainonline.org, 05.03.2007).

Ein weiterer Bereich ist speziell der Aus- und Weiterbildung von Kindern und Jugendlichen gewidmet. Das Ganze nennt sich *Multimedia Training Kit* (vgl. www.itrainonline.org/itrainonline/english/about.shtml, 05.03.2007). Dieses Beispiel zeigt uns, wie die unterschiedlichen Ausgangsbedingungen von Internetnutzern berücksichtigt werden. Auch wenn die digitale Sphäre ein globales, hybrides Gemisch ist, müssen die Betreiber von Internetportalen auf kulturspezifische und individuelle Eigenheiten Rücksicht nehmen, wollen sie im alltagspraktischen Handeln Relevanz gewinnen. Erst wenn die erhaltenen Informationen rezipiert und angeeignet werden, erfährt die Netzöffentlichkeit eine lebensweltliche Verankerung. Während viele Jugendliche mit den digitalen Termini und Technologien vertraut sind, fehlt vielen älteren Personen dieses Wissen. *I train Online* ist deshalb ein besonders positives Beispiel. Um die Teilnahme an der digitalen Öffentlichkeit zu ermöglichen, wird versucht, auf die unterschiedlichen Nutzer einzugehen.

Diese Portale versuchen also, digitale Freiheitsspielräume zu verwirklichen. Jeder könnte, rein potentiell gesehen, publizieren, doch dazu ist ein bestimmtes Know-how, eine spezifische Medienkompetenz, nötig. Zudem geben die Technologien selbst gewisse Richtlinien vor, die einzuhalten sind, will man sich im virtuellen Raum bewegen. Auch in virtuellen Diskussionen haben sich die Teilnehmer an bestimmte Regeln zu halten. Wollen z.b. zivilgesellschaftliche Organisationen Aufmerksamkeit für ihre Webseiten und damit ihre Anliegen gewinnen, dann orientieren sie sich an gewissen allgemeinen Leitlinien und Regeln, die im Internet entstanden sind. Wer seine Webseite nicht nach den neuesten technischen Möglichkeiten gestaltet und seine Menüführung möglichst benutzerfreundlich kreiert, kann schnell das Interesse der Nutzer verlieren. Die Aufmerksamkeit im *World Wide Web* generiert sich über die Struktur der Verweise auf andere Webseiten, die *Hyperlinks*. Rogg schließt daraus, »[...] dass die Gestalt der Information zum Zwecke einer möglichen Aufmerksamkeitssteigerung verändert wird. Die gestiegenen Kosten bevorteilen die bereits etablierten Medienorganisationen, die sowohl über die finanziellen als auch über die technischen Mittel verfügen, eine medienübergreifende Aufmerksamkeit herzustellen« (Rogg 2003: 157). Über die Aufmerksamkeit wird somit selektiert. Die Suchmaschinen finden zudem jene Seiten leichter und öfter, die über möglichst viele Verlinkungen verfügen und sich am Mainstream orientieren.

Dabei liefern die professionellen Suchmaschinen Ergebnisse, die durch eine Selektion und ein Ranking durch Dritte entstehen. Sie sind keineswegs objektiv oder neutral, sondern werden durch kulturelle Schranken und Präferenzen reguliert, so dass das theoretische Prinzip des direkten und ungefilterten Datenzugriffs in der Praxis an seine Grenzen stößt. Das *Mongrel Art Collective* (www.natural-selection.org, 10.10.2009) hinterfragt und dekonstruiert mit einer eigens konstruierten Suchmaschine die Selektions- und Organisationsprinzipien von etablierten Suchmaschinen. Die Dominanz von Google im Alltag der Internetnutzer wird somit in Frage gestellt. Gerade diese Suchmaschine ist ein gutes Beispiel für die Befürchtungen, das Internet würde zu einem »Global America« (vgl. Beck/Sznaider/Winter 2003) beitragen. Wir werden diese These eines kulturellen Imperialismus bzw. einer kulturellen Homogenisierung durch das Internet im Folgenden diskutieren und eine Gegenposition entwickeln, die die Prozesse der Pluralisierung, Hybridisierung und Kosmopolitisierung hervorhebt.

## 3.5 Internet, kulturelle Transformationen und Kosmopolitismus

### 3.5.1 Das Internet: Ein Instrument zur kulturellen Homogenisierung?

Kritiker der neoliberalen Globalisierung fürchten sich vor einer »McDonaldisierung« und Amerikanisierung, homogenisierende Prozesse, bei denen die USA und andere westliche Staaten die Führung übernehmen und ihre wirtschaftlichen und kulturellen Konzepte weltweit durchsetzen (vgl. Ritzer/Stillman 2003). So stellt Rob Kroes fest:

»Jeder, der im Internet surft, wird in eine Welt der Informationen hineingezogen, die kommerzielle Botschaften mit anderen Inhalten verbindet und die in den meisten Fällen eindeutig amerikanischen Ursprungs, zumindest aber amerikanisch geprägt ist. Allem potentiellen Egalitarismus zum Trotz steht das Internet in seiner gegenwärtigen Form zweifellos für eine Netzstruktur mit einem Zentrum, das eine Anzahl peripherer Bereiche dominiert.« (Kroes 2003: 312)

Er betont, dass auch bei der Nutzung des Internets von Anfang an die US-Amerikaner dominiert haben, die einen großen Teil der Kommunikation im Netz bestreiten. Zumindest bis zum Beginn des 21. Jahrhunderts bestimmen amerikanische Werte und Ideologien, so seine Analyse, die Gestaltung und den Gebrauch des Internets sowie die Imaginationen und Träume, die mit ihm verbunden werden. In einem dieser Vorstellungskomplexe ist das Internet ein wichtiges Instrument, um Geschäfte zu machen. So erobern und kolonisieren (globale) Konzerne und Unternehmen immer mehr das Netz. Sie verbreiten über die digitalen Netzwerke ihre Werbebotschaften und Marketingstrategien noch schneller und effektiver, um ihren Konsumentenradius zu vergrößern. Die anti-kapitalistisch organisierten Räume des Internets, die visionär durch Freiheits- und Unabhängigkeitsvorstellungen aufgeladen werden, werden dadurch bedroht und verschwinden zum Teil.

Vertreter einer libertären Position wie Rheingold (vgl. www.rhein gold.com/, 05.03.2007) gingen früh davon aus, dass das Internet ein Forum sein könne, in dem Cyber-Bürger aktiv an politischen Entscheidungsfindungen teilnehmen, Gesetzgebungen überwachen und auf ihre Legitimität hin überprüfen. Dagegen stehen die Vertreter einer Homogenisierungsthese dem eher skeptisch gegenüber und vermuten sogar eine Schwächung der Demokratie durch die digitalen Medien. Sie vertreten die These, dass das Internet die öffentliche Sphäre weiter fragmentiere und ausdünne. Passive, desinteressierte Nutzer seien die Folge, die die hegemonialen Botschaften resignierend und gleichgültig aufnehmen. Das Netz wird als neues Instrument eines globalen Kapitalismus und eines damit verbundenen kulturellen Imperialismus der USA betrachtet.

Kroes fragt: »[...] in welchem Maß können wir das Web als Übertragungsmedium ansehen, das kulturelle Werte und einen mentalen Habitus vermittelt, die erkennbar amerikanisch sind?« (Kroes 2003: 304) Die Dominanz der USA zeigt sich zu Beginn des 21. Jahrhunderts sowohl in den Statistiken zur weltweiten Verteilung von Domains, als auch in den Nutzerzahlen (vgl. www.zooknic.com/Users/global_2002_09.html, 05.03.2007). Für eine Stärkung der Homogenisierungsthese sprechen auch die Fachtermini, welche nun weltweit verwendet werden und einen englischen Wortstamm aufweisen. Der lange Zeit dominante Gebrauch der englischen Sprache im Internet unterstützt die Annahme, dass die Macht Nordamerikas gewachsen ist. Wesentliche Zentren der neuen Kommunikations- und Informationstechnologien liegen in den Vereinigten Staaten (z.B.: Silicon Valley). Auch die Software, die zum Einsatz kommt, weist Homogenisierungstendenzen auf. Vor allem amerikanische Softwaregiganten wie Microsoft schaffen Softwarestandards, die aufgrund von Kompatibilitätsfragen zu uniformen Nutzungsweisen führen. Die Benutzeroberfläche ist weltweit zu einem großen Teil identisch konzipiert, wodurch die technische wie visuelle, funktionale wie strukturelle Organisation gleichen Vorgaben gehorcht (vgl. Rössler/Stiegler 2002). Hinter den meisten Entwicklungen steht ein kleines Staatenbündel (vorwiegend Nordamerika, Europa). Auch innerhalb Europas lässt sich eine Konzentration in den wirtschaftlich stärksten Ländern (Norwegen, Finnland, Schweden, Deutschland, Dänemark, UK, Österreich, Schweiz) erkennen. Hier leben die meisten Nutzer (vgl. www.zooknic.com/Users/europe_2002_09.html, 05.03.2007). Die restlichen Staaten befinden sich in einer Position, in der sie die Standards dieser Staaten übernehmen müssen, wollen sie sich im digitalen Raum bewegen. Indizien für die privilegierte Position der USA sind auch die E-Mail-Adressen und Webadressen, welche in den USA keinen Ländercode brauchen, während alle anderen Staaten nationale Kürzel verwenden.

Internetprovider in den USA bieten auch eigene Portale und gesicherte Zugänge für bestimmte Wertegemeinschaften (wie z.B. religiöse Gruppen) an, die zu der Befürchtung führen, dass das Web in geschlossene *Communities* zerfällt. Durch Abschließungen, die nun von Internetprovidern für bestimmte Gruppen angeboten werden, könnte sich das Internet für die Benutzer, wenn auch nicht faktisch, durch die Homogenisierung von Gemeinschaften immer weiter fragmentieren. Die Mittel hierzu sind vornehmlich Filter, mit denen die Bewegungsfähigkeit der Browser eingeschränkt werden kann, weil manche Zugänge so verschlossen bleiben. Zudem kann auch die Teilhabe an *Chatrooms* unterbunden werden.

### 3.5.2 Kulturelle Hybridisierung und die kosmopolitische Perspektive

Mit der (unterstellten) Amerikanisierung haben Vertreter der Homogenisierungsthese einen einseitig verlaufenden Prozess vor Augen (vgl. Beck/Sznaider/Winter 2003). Doch dieses Bild trügt. So hat z.B. Néstor García Canclini (1995) am Beispiel Lateinamerikas gezeigt, dass der eklektische, spielerische und kreative Umgang mit globalen Produkten zur Entwicklung und Verbreitung neuer Kulturen führen kann, die durch Unreinheit, Synkretismus und Hybridität gekennzeichnet sind. Laut James Lull (2001: 157) ist die Kraft des Hybriden tatsächlich das wesentliche Merkmal zeitgenössischer kultureller Praktiken. Im globalen Zeitalter der Kommunikation, das durch eine zunehmende »komplexe Vernetzung« (vgl. Tomlinson 1999) und durch den anscheinend unbegrenzten Zugang zu kulturellen Ressourcen – aus manchmal sehr entlegenen Orten – geprägt ist, konstruieren wir uns eigene Superkulturen. Diese ermöglichen Orientierung, Identitätsbildung und Handlungsmächtigkeit. Sie nehmen unterschiedliche Formen an, begünstigen offen den Wandel und können zur Bildung neuer Gemeinschaften führen, zum Beispiel unter Verwendung digitaler Medien. Das Internet ist dafür ein gutes Beispiel. Auch Lull (2001: 144ff.) ist der Auffassung, dass es ursprünglich ein typisch amerikanisches Kulturphänomen war, doch inzwischen wird es weltweit von allen möglichen, sprachlich und kulturell unterschiedlichen Gruppen genutzt.

»Das Gros des Internetverkehrs findet heutzutage auf Spanisch, Mandarin und Japanisch statt, aber das scheint in das Verständnis der Internetkultur anglo-amerikanisch-westlicher Prägung kaum einzudringen. Noch unübersichtlicher wird das Bild, wenn man das ›Cross Media‹-Potenzial von zwei Milliarden Mobilfunknutzern einbezieht, die Blogomanie im Iran, aber auch die Tatsache, dass Südkorea eine der dichtesten Breitbandinfrastrukturen besitzt, sowie den Aufstieg des Internets in China.« (Lovink 2008: 11)

Die kommunikative Kraft des Internets bietet (scheinbar) endlose kulturelle und soziale Möglichkeiten (vgl. Poster 2001).

So nutzen die zivilgesellschaftlichen oder subkulturellen Gruppierungen das Netz für ihre politisch motivierten Angelegenheiten.

Zwar übernehmen sie oft die dominanten Termini und Strukturen, doch für welche Zwecke und wie sie diese gebrauchen, kann in andere Richtungen gehen, als von den Entwicklern erwartet. Aus der Sicht der Cultural Studies sind die Rezeption und Aneignung globaler Medienprodukte und Medientechnologien aktive soziale Prozesse. Diese werden rezipiert bzw. verwendet und dann als kulturelle Ressource für die eigenen Erfahrungen und Praktiken genutzt (vgl. Winter 2003: 272). Dabei kann es zu Umformungen, Neuinterpretationen und völlig neuen Konstruktionen kommen. Dies lässt sich bereits bei Jugendlichen, die in der Regel ein intuitives, spielerisches und spontanes Verhältnis zu den neuen Medien ausgebildet haben, feststellen. »We can see many examples online of young people's resistance to mainstream consumer culture, from culture jamming products, such as mashup and ezines, to civic activism, to the growing interest in alternative lifestyles.« (Willett 2008: 55)

Eng verknüpft mit dem Konzept der Hybridität ist das Konzept des verwurzelten Kosmopolitismus, das Ulrich Beck (2003) in einer Auseinandersetzung mit dem postkolonialen Denken entwickelt hat:

> »›Kosmopolitismus‹ ignoriert das Prinzip des Entweder-oder und verkörpert das Sowohl-als-auch-Denken. Es handelt sich um ein uraltes Hybridkonzept der fließenden Übergänge, das jedoch immer noch stärker strukturiert ist als seine neuen Ableger im Rahmen des Globalisierungsdiskurses. Der Kosmopolitismus generiert eine inklusive Logik der Gegensätze, die einander nicht ausschließen, und er ermöglicht es, in zwei Welten, die gleich und zugleich unterschiedlich sind, ›Patriot‹ zu sein.« (Beck 2003: 27)

Wir sind der Auffassung, dass wir in den digitalen Welten sowohl homogenisierende als auch hybridisierende Tendenzen finden. Als Nutzer ist man sowohl im direkten geographischen Kontext verankert, nimmt aber gleichzeitig an einer globalen virtuellen Öffentlichkeit teil. Wir finden fließende Übergänge zwischen den Sphären des Globalen und Lokalen und streichen die Ambivalenz der Prozesse heraus. Dabei verfolgen die Nutzer unterschiedliche Interessen und kulturelle Praktiken, wie die Beispiele von Subkulturen im Internet zeigen, die oft transnational organisiert sind. Während seit den neunziger Jahren des 20. Jahrhunderts die Kommerzialisierung (und Homogenisierung) des Internets voranschreitet, haben sich in den letzten Jahren oppositionelle transnationale zivilgesellschaftliche Bewegungen herauskristallisiert. Auch sie organisieren sich über das Netz und führen im und über den digitalen Raum Aktionen und Kampagnen durch. Bis zu den weltweiten Protesten gegen die neoliberale Globalisierung wurde jedoch ihre Bedeutung von der institutionellen Politik stark unterschätzt, heute wird ihr enormes Potential erkannt. Im Folgenden unterscheiden wir aus analytischen Gründen zwischen drei Teilen der Netz-Öffentlichkeit (vgl. Oy 2002: 107), zwischen den Räumen im Internet, die vom Markt, dem Staat und der Zivilgesellschaft eingerichtet und benutzt werden.

## 3.6 Die drei Akteure des politischen Metaspiels in der Netz-Öffentlichkeit

### 3.6.1 Der Markt

Die Intensivierung der wirtschaftlichen Globalisierung erfuhr einen Schub auf der Grundlage der neuen Informations- und Kommunikationstechnologien. Die transnationalen Güter- und Dienstleistungsnetzwerke bedienen sich eines interaktiven Kommunikations- und Informationssystems, um Rückkoppelungsschleifen zu garantieren und für die Koordination dezentralisierter Produktion und Distribution zu sorgen. Der flexible Kapitalismus ist die Hauptantriebskraft in der Globalisierung und weltweiten Vernetzung. Der globale Kapitalmarkt ist eine zentrale Kraft, die digitale Strukturen beeinflusst und durchdringt (vgl. Sassen 2000b; Rogg 2003). Global agierende wirtschaftliche Akteure haben sich mit ihren kommerzialisierten Angeboten der neuen Medien bemächtigt und haben einen transnationalen Raum aufgebaut, einen virtuellen Marktplatz – eine transnationale Konsumsphäre. Deren Kultur und Ideologie des Konsumismus sind wesentliche Stützen des globalen Kapitalismus (vgl. Sklair 1998). Matthew Zook liefert regelmäßig neue Statistiken zum Internet. Er stellt beispielsweise für den Monat April 2008 folgende Domainverteilung fest (vgl. www.zooknic.com/Domains/counts.html, 17.11.2008):

- Gesamtzahl: 100.316.330
- .com: 75.315.48
- .net: 11.302.303
- .org: 6.716.068
- .info: 5.019.983
- .biz: 1.962.558

Wir können aus diesen Zahlen eine deutliche Dominanz kommerzieller Webseiten erkennen. Durch die Kommerzialisierung der virtuellen Räume werden die Nutzer vor allem in ihrer Identität als

Konsumenten wahrgenommen. Wer im Internet surft, wird auf neue Informations- und Konsumprodukte hingewiesen, mit zahlreichen Werbeeinschaltungen konfrontiert, kann einkaufen oder virtuelle Dienstleistungen in Anspruch nehmen. Daneben gibt es noch durch *Firewalls* geschützte *Intranets* (Kommunikation innerhalb der eigenen Organisation) und Transaktionen zwischen Firmen. Konzerne kapseln einen Teil des virtuellen Raumes ab und nutzen ihn privat (beziehungsweise firmenintern). Sie schaffen einen Raum, der durch Schleusen abgeschirmt wird. So stellt Sassen (2008: 527) fest:

»Außerdem ist ein großer Teil der elektronischen Netzwerke privat und für Außenstehende unzugänglich – das vielleicht signifikanteste Beispiel dafür sind die großen elektronischen Finanzmärkte. Hier zeigen sich somit die Begrenzungen der digitalen Netzwerke, denen viele einen von Natur aus demokratischen Charakter zugeschrieben haben.«

In diesen privaten digitalen Netzwerken entwickeln sich Machtformen. Manchmal stehen sich auch zwei entgegen gesetzte Tendenzen gegenüber: auf der einen Seite das Verlangen nach Schutz privater Transaktionen, auf der anderen Seite der Wunsch nach einer Forcierung und Vereinfachung von *E-Commerce*. Die Wirtschaft funktionalisiert also das Internet für ihre Zwecke, kommerzialisiert es und unterwirft es den Prinzipien der Profitmaximierung. Auf der anderen Seite verändert aber das Internet die Wirtschaft. Castells stellt hierzu fest:

»Because [...] about 80 percent of the transactions over the web are B2B [=business to business], and this implies a profound reorganization of the way in which business operates. Internal network, by which employees communicate among themselves and with their management, are critical for the performance of the firm. The entire business organization needs to conform to the Internet-based technology through which it relates to customers and suppliers [...]. What is emerging [...] is a networked economy [...].« (Castells 2001b: 65)

Die Wirtschaft nutzt die neuen Kommunikations- und Informationstechnologien permanent und übernimmt auch zunehmend die Netzwerkstruktur als Organisationsform.

Eng mit der fortschreitenden Kommerzialisierung des Internets ist die Vorstellung verbunden, dass sich auch das *Onlinepublikum* zunehmend den ideologischen Zwängen des Konsums unterwerfe und sich sein Verhalten normalisiere, so dass es keine großen Unterschiede mehr zu anderen Medienpublika in der Vor-Internet-Zeit gebe. Wir halten diese Normalisierungsthese (vgl. Strangelove 2005: 10), die in unterschiedlichen Variationen vertreten wird, aber nicht für überzeugend, da wir davon ausgehen, dass das Internet eine neue Form von Öffentlichkeit und kultureller Produktion hervorgebracht hat, die politische Auseinandersetzungen in einem neuen Bereich ermöglicht (vgl. ebd.: 27).

### 3.6.2 Der Staat

Die kapitalistische Wirtschaft tendiert zu globaler Interaktion, der nationalstaatliche Geltungsraum ist jedoch territorial beschränkt. Tobler (2001) schließt daraus: »Wenn nun aber die Nationalstaaten gegenüber der global operierenden Wirtschaft ihre politische Handlungsfähigkeit zurückgewinnen wollen, sind sie zur Kooperation und zu mehr Regulierung auf internationaler Ebene gezwungen.« (www.medien heft.ch/politik/bibliothek/p16_ToblerStefan.html, 10.09.2009) Es besteht ein internationaler Kooperationszwang der Nationen im Zuge des erweiterten Standortwettbewerbs. Nationalstaaten schließen sich zusammen – wie im Falle der Europäischen Union – und versuchen, eine transnationale politische Öffentlichkeit herzustellen. Gleichzeitig bemüht sich jeder Nationalstaat jedoch, eigene diskursive Arenen im Internet zu schaffen und durch elektronische Analysen, die Meinung der Bevölkerung zu erfragen. Regierungen versuchen, sowohl *E-Government* als auch *E-Democracy* zu implementieren.

Unter dem Schlagwort *E-Government* werden eher administrativ-technische Fragen und die Möglichkeiten der Reform und Effizienzsteigerung öffentlicher Verwaltung diskutiert. Bei *E-Democracy* geht es um die Schaffung einer politischen Netzöffentlichkeit, sowie um bürgernahe und transparente Politik. Die Debatte um *global governance* umfasst Vorschläge zur Reform der internationalen Institutionen, zu einer Weltregierung, zu Gerechtigkeit und Völkerrecht (vgl. Aguitou 2002): »By global politics, I mean the interaction between the institutions of global governance (international institutions and states) and global civil society [...] a system of relations between states or groups of states, characterized by a process of bargaining based on collective interests.« (Kaldor 2003: 78) Der Zugang zu Regierungsdokumenten, zu politischen Kampagnen und die Diskussionen bzw. Debatten in E-Mail-Foren soll die Demokratie transparenter, effizienter und partizipativer machen (vgl. Lax 2004: 217).

Ein wichtiges Problem, mit dem Nationalstaaten konfrontiert sind, ist die Abstimmung von nationalen Gesetzgebungen mit transnationalen virtuellen Prozessen. Wir haben heutzutage nationale oder EU-weite Regelungen, das Internet schafft jedoch einen globalen Kommunikationsraum und drängt auf die Auflösung von Grenzen. Nach Sassen (2000b) hat der Nationalstaat aber gewisse Instrumente, mit denen er Autorität ausüben kann. Beispiele sind etwa die Sicherung von Eigentümerrechten oder das Registrierungssystem für Domain-adressen. Auf der anderen Seite ist es für staatliche Institutionen oft schwierig, regulierend einzugreifen, da die nötige Transparenz bei virtuellen Transaktionen nicht gegeben ist, z.B. wenn Konzerne durch *Firewalls* geschützte Bereiche verwenden.

Staatliche Einrichtungen haben die wichtige Funktion sicherzu-stellen, dass keine gesellschaftlichen Gruppen vom *Cyberspace* ausge-schlossen bleiben. So sollten nationale Regierungen versuchen, ihre Bürger verstärkt in politische Prozesse einzubinden. Die Prozesse außerhalb der Regierungsebene werden oft als direkte Reaktionen auf das Fehlen wichtiger Themengebiete in Regierungsprogrammen gesehen (vgl. Hand/Sandywell 2002: 199). Trotzdem gibt es heut-zutage vielfältige Formen der Zusammenarbeit zwischen Staat und Zivilgesellschaft alleine aus der Tatsache heraus, dass die Bedeutung globaler zivilgesellschaftlicher Akteure (soziale Bewegungen, NGOs) stetig steigt: »Precisely because these groups inhabit a political space outside formal national politics (parties and elections), they operate trough links with a range of international institutions (NGOs, inter-governmental organizations, foreign states, Diaspora groups) and they often receive funding from abroad« (Kaldor 2003: 82). Dies hat – in op-timistischen Einschätzungen – zur Konsequenz, dass das Regierungs-handeln sich in größerem Maße auf die Diskurse der Zivilgesellschaft einlässt. Im politischen Metaspiel kämpfen die drei Akteure, Staat, Markt und Zivilgesellschaft um Machtanteile und um Hegemonie. Im Kampf der Diskurse ist es wichtig, auf die Gegenpositionen ein-zugehen, um die eigene Position aufrechterhalten und sie konsensfä-hig machen zu können. Nach Gramscis Hegemoniekonzept (Gramsci 1991ff.) ist Macht nicht etwas Statisches, sondern ein umkämpfter Pro-zess. Daher versuchen die staatlichen Institutionen und Repräsentan-ten, ihre Positionen in der (virtuellen) Gesellschaft zu verteidigen, zu stärken und auszubauen.

### 3.6.3 Die Zivilgesellschaft

Nach Audenhove et al. (2002: 16) ist der Aufstieg der Zivilgesellschaft mit fünf evolutionären Veränderungen in der Gegenwart verbunden: »[...] the process of globalisation, the homogenisation of culture, the spread of democracy, the de-ideologisation of politics and the deve-lopment of the Internet«. Ein wichtiger Faktor auf dem Erfolgskurs der sozialen, zivilgesellschaftlichen Bewegungen sind sicherlich die neuen Kommunikations- und Informationstechnologien. Soziale Bewegungen decken Defizite auf und kritisieren die Abkapselungsbemühungen der politischen Eliten. Sie sind intermediär, das heißt, sie befinden sich zwischen der privaten Sphäre und der administrativen Sphäre des Staates. Die wesentlichen Einfluss- und Machtressourcen von NGOs stellen – angesichts der fehlenden formalisierten Mitentscheidungsmöglichkeiten – die Herstellung von Fachwissen und Aufmerksamkeit für kulturelle und gesellschaftliche Problemlagen dar. Die Netzwerke operieren grenzüberschreitend unter Nutzung der Möglichkeiten des Internets. Die Proteste werden immer öfter von Internetseiten begleitet; zu jedem Ereignis gibt es unterschiedliche Homepages, die die Ereignisse bündeln, zusammenfassen und repräsentieren. Zudem haben im virtuellen Raum kleine Gruppen oft wirkungsvollere Hebel. Um Einfluss zu erlangen, scheinen Vernetzungen zivilgesellschaftlicher Bewegungen über nationale Grenzen hinweg und entlang gemeinsamer Problemstellungen unerlässlich. Die Formationen der Zivilgesellschaft können auf die öffentliche Sphäre der Massenmedien einwirken, bereits etablierte Themen verändern und neue einbringen. Sie forcieren und reflektieren einen deliberativen und kritischen Kommunikationsprozess.

Gegenüber der institutionellen Politik besitzen die zivilgesellschaftlichen Sphären den Vorteil, dass sie eine größere Sensibilität für die Wahrnehmung und Identifizierung neuer Problemlagen besitzen.

»Die Zivilgesellschaft setzt sich aus jenen mehr oder weniger spontan entstandenen Vereinigungen, Organisationen und Bewegungen zusammen, welche die Resonanz, die die gesellschaftlichen Problemlagen in den privaten Lebensbereichen finden, aufnehmen, kondensieren und lautverstärkend an die politische Öffentlichkeit weiterleiten. Den Kern der Zivilgesellschaft bildet ein Assoziationswesen, das problemlösende Diskurse zu Fragen allgemeinen Interesses im Rahmen veranstalteter Öffentlichkeiten institutionalisiert.« (Habermas 1992: 443)

Transnationale Netzwerke sind keinesfalls hierarchiefreie Gebilde, sondern reproduzieren das Spannungsverhältnis zwischen Mächten und Gegenmächten in den gegebenen Herrschaftsverhältnissen unter räumlich und zeitlich entgrenzten Bedingungen. Die neuen sozialen Bewegungen haben eine vielfältige facettenreiche Identität. Sie beschäftigen sich mit unterschiedlichsten Thematiken wie Umwelt, Gleichberechtigung von Frauen und Männern sowie Kritik an der neoliberalen Globalisierung. Die Gruppen sind sehr heterogen – die Mitglieder kommen aus verschiedenen Milieus, Ländern und Kontexten. Unser Interesse gilt vornehmlich den transnational organisierten sozialen Bewegungen, die z.B. Straßendemonstrationen mit virtuellen Sit-ins verknüpfen.

Auf digitalen Pfaden sind die sozialen Bewegungen über ihre speziellen Themen hinweg miteinander vernetzt. So lassen sich Umweltschützer ebenso auf den Portalen der Kritiker der neoliberalen Globalisierung finden und umgekehrt. Ihre netzwerkartige Zusammensetzung spiegelt die digitalen Strukturen wider. Das Internet ist für die zivilgesellschaftlichen Akteure ein wichtiges Medium, das ihnen erlaubt eine plurale Bezugsbasis von Mitgliedern aufzubauen und zu erhalten. Auch *Twitter*, *YouTube* und *Flickr* sind hier wichtige Werkzeuge.

Für zivilgesellschaftliche Bewegungen bedeuten die Möglichkeiten der digitalen Medien auch eine relevante Kostenreduzierung. Damit können sie sich leichter in den öffentlichen politischen Diskurs einbringen. Die digitale Vernetzung trägt auch zu einer Vereinfachung bei der Mitgliedergewinnung, bei Koordinationstätigkeiten für diverse Aktionen und der Distribuierung von Informationen bei. Zudem begünstigt das Internet eine größere gegenseitige Kenntnis der unterschiedlichen lokalen Erfahrungen innerhalb einer sozialen Bewegung. Durch den Anstieg von weltweiten transnationalen Regierungsorganisationen (UN, World Bank, NATO, EU) und NGOs (Oxfam, Greenpeace, Amnesty International), gewinnt die Entstehung eines kosmopolitischen Weltbürgertums beziehungsweise einer globalen Zivilgesellschaft Gestalt (vgl. Kaldor 2003; Zarka 2004; Crane 2008).

Die neuen Kommunikations- und Informationsstrukturen haben auch Auswirkungen auf die Strukturen – sie machen dezentralisiertere Formen der Organisation möglich, an denen die Nutzer selbst aktiv partizipieren können. Sassen (2002) weist auf alternative Netzwerke hin, die sie als »Gegengeographie der Globalisierung« begreift. Andretta et al. beschreiben die Organisationsstruktur sozialer Bewegungen als »segmentiert, mit Gruppen die entstehen, sich mobilisieren und wieder verschwinden; vielköpfig, mit einer pluralen Führungsstruktur; netzförmig, mit Gruppen und Individuen, die über vielfältige Bindungen miteinander verknüpft sind.« (Andretta et al. 2003: 47)

NGOs sind die Hauptakteure in der transnationalen Zivilgesellschaft. Sie nutzen das weltweite Netz, um sich transnational zu organisieren, um Widerstand gegen neoliberal orientierte marktwirtschaftliche und staatliche Prämissen zu leisten. Sie stellen Öffentlichkeiten her, greifen in politische Entscheidungsprozesse ein und versuchen themenspezifisch Leute zu mobilisieren. Dabei ermöglicht die dezentrale Struktur der digitalen Medien autonomere Handlungen, zudem haben sie einen prozessualen Charakter und erlauben über ihre Hyperlinkstruktur die Vernetzung von lokalen und globalen Bezugsräumen. Auch soziale Bewegungen sind heute dezentraler gestaltet, weil sie auf organisatorische Auswahl- und Verwaltungsprozesse in der Regel verzichten.[4] Zudem sind sie kosmopolitisch orientiert. Denn sie beschäftigen sich nicht nur mit lokalen Problemen, sondern auch mit Themen, die die gesamte Menschheit betreffen. Die Nutzung der digitalen Medien hat diese Tendenzen verstärkt.

Die Verbindung von zivilgesellschaftlichen Interessen mit den neuen Kommunikations- und Informationstechnologien werden wir im folgenden Exkurs anhand des *World Summit on the Information Society* (WSIS) in den Jahren 2003 und 2005 beispielhaft darstellen.

### 3.6.4 Exkurs: Weltgipfel über die Informationsgesellschaft (WSIS)

*Abbildung 1*

*Quelle: www.itu.int/wsis/, 09.09.2009*

Vom 10. bis 12. Dezember 2003 wurde in Genf der »Weltgipfel über die Informationsgesellschaft« (*World Summit on the Information Society – WSIS*) abgehalten. Diese von der UNO ausgerufene und veranstaltete Weltkonferenz setzte eine Reihe von Weltgipfeln (ausgehend von Rio de Janeiro 1992 bis zur Rio+10 Konferenz in Johannesburg 2002) zu zentralen Menschheitsfragen fort. Waren die vorhergehenden Gipfel durch Themen wie Umweltschutz, Handel oder nachhaltige Entwicklung bestimmt, so standen beim WSIS in Genf erstmals Information und Kommunikation als Kernthemen auf dem Programm. Als oberstes Ziel wollte man ein gemeinsames Verständnis der sich herausbildenden globalen Informationsgesellschaft entwickeln, deren Voraussetzung der uneingeschränkte Zugang zu digitalen Technologien ist.

Der UN-Gipfel wurde in zwei Etappen abgehalten – dem ersten Teil in Genf folgte die zweite Hälfte im November 2005 in Tunis. Dem

---

4 | Einen konzisen Überlick über die Geschichte sozialer Bewegungen gibt Charles Tilly (2004).

Gipfel in Genf gingen Vorbereitungskonferenzen voraus, die dazu dienen sollten, einen Aktionsplan und eine gemeinsame Stellungnahme
der Teilnehmer für den WSIS zu erarbeiten. In dieser Phase lagen die
Positionen der einzelnen Akteursgruppen so weit auseinander, dass
die Fertigstellung der für den WSIS notwendigen Dokumente erst im
letzten Augenblick durch eine zusätzlich eingeschobene Konferenz
möglich wurde. Wie in den vorhergehenden UN-Gipfeln wurde am
WSIS in Genf ein *multi-stakeholder dialogue* angestrebt. Die Akteursgruppen umfassten staatliche Institutionen, Teilnehmer aus dem Wirt-
schaftsbereich und zivilgesellschaftliche Organisationen. 15.000 bis
20.000 Vertreter kamen zusammen, um die Rolle von Informationen
im Entwicklungskontext zu erörtern.

Unter den 176 Regierungsvertretern kam es am ersten WSIS zu
einer Spaltung der Interessen. Man konnte sich nicht einigen, welche
Themen am WSIS vordergründig zu behandeln wären. Während die
Regierungen aus dem Süden den Zugang zu den Informationskanä-
len, d.h. den Ausbau der technischen Infrastruktur unter Berücksich-
tung der Erhaltung kultureller Diversität und des kulturellen Erbes,
als ihre wichtigsten Anliegen unterstrichen, wurden von den Regierungen aus dem Norden Themen wie *E-Government*, Bürger-Partizi-
pation und die Herstellung eines investitionsfreundlichen Umfelds
sowie die Sicherheit von Kommunikationsnetzen in den Vordergrund
gestellt. Hier wird die unterschiedliche Gewichtung der sozialen Exklusion aus dem Netz des informationellen Kapitalismus deutlich. Die
Industrieländer aus dem Norden haben noch zu wenig Bereitschaft,
sich auf die Diskurse der Ausgeschlossenen einzulassen. Allerdings
wurden deren Themen und Problemlagen dann primär auf dem zweiten WSIS in Tunis diskutiert.

Die zum *Coordinating Committee of Business Interlocutors* (CCBI)
zusammengeschlossenen großen internationalen wirtschaftlichen Institutionen forderten eine Rücknahme von Investitionshürden durch
sichere rechtliche Rahmenbedingungen für ihre zukünftigen Investitionen. Dabei heben sie die wichtige Bedeutung der neuen Informationstechnologien für Wirtschaftswachstum hervor. Ihnen geht es
primär darum, den virtuellen Marktplatz noch größer und effizienter
zu gestalten.

Unter dem Begriff Zivilgesellschaft wurden am WSIS NGOs, *Community Media* und wissenschaftliche Institutionen zusammengefasst.
In dieser Akteursgruppe wurden die humanitären Bedürfnisse, die in
einer Informationsgesellschaft berücksichtigt werden müssen, über
die technischen Anforderungen gestellt. Diese Gruppe plädiert für die
Schaffung eines *Global Information Commons* – sie will die virtuellen

Informationsangebote als Allgemeingut allen zugänglich machen. Das Gegenstück dazu ist die von der Wirtschaft geforderte kommerzielle und profitorientierte Informationsverwertung. Außerdem nahmen am WSIS internationale Organisationen, vor allem aus verschiedenen Bereichen der UNO, teil. Organisationen wie die UNESCO vertraten gleiche bzw. ähnliche Standpunkte wie die Akteure der Zivilgesellschaft.

Bereits während der Vorbereitungskonferenzen zum WSIS wurde deutlich, dass ein Konsens zu den Themen, die am Gipfel diskutiert werden sollten, aufgrund der doch oft weit von einander abweichenden Interessen der einzelnen Akteursgruppen, nur schwierig – wenn überhaupt – zu erreichen sein würde. Das führte dazu, dass die beiden Bereiche Finanzen und Verwaltung des Internets auf spätere Zeitpunkte oder in den Tätigkeitsbereich von UNO-Arbeitsgruppen verschoben wurden.

Die Hauptanliegen der Teilnehmer, darunter viele Regierungsvertreter afrikanischer Staaten, sind die Armutsbekämpfung und die Förderung der Entwicklung durch einen verbesserten Zugang zu Informations- und Kommunikationstechnologien. Sie wollen eine weltweite Globalisierung, die auf demokratischen Prinzipien beruht, forcieren. Auf der Konferenz in Genf wurden unter anderem die Anerkennung von Kommunikation als Menschenrecht, Meinungsfreiheit und Datenschutz im virtuellen Raum, ein partizipatives, interaktives Kommunikationsmodell und die Förderung von auf »community«-basierten Initiativen gefordert. Die Hauptthemen in Genf waren: die *digital divide*, die Beibehaltung sprachlicher Vielfalt und kultureller Diversität, Sicherung und Ausweitung der Rechte über geistiges Eigentum versus *global information commons*, d.h. Informationen als öffentliches, nicht kommerzielles Gut, und Meinungsfreiheit, Datenschutz sowie Schutz der Privatsphäre.

Daraus lassen sich einige Schlussfolgerungen ziehen. Die Hauptanliegen scheinen die Beseitigung von Zugangsbeschränkungen bzw. ein universeller Zugang zu den weltweiten Netzwerken sowie die Bekämpfung von homogenisierenden Tendenzen zu sein. Die Gegenüberstellung von partikularen Interessen und universellen Anliegen spielt in den Aushandlungsprozessen eine wichtige Rolle.

Nach Abschluss des WSIS bestand weder unter den Teilnehmern noch unter den Beobachtern Einigkeit darüber, wie die am Gipfel ausgehandelten Ergebnisse zu bewerten seien. Das lag auch daran, dass die am WSIS verabschiedeten Regierungsdokumente zu diesem Zeitpunkt noch eher vage und unverbindlich formuliert blieben. Konnten in manchen Bereichen durchaus Übereinstimmungen der Forderungen aller Akteursgruppen festgestellt werden, so gab es bei wichtigen Themen oft nur wenig Kompromissbereitschaft.

Der Ausbau der Kommunikationsstrukturen sowie die Erweiterung der Zugänge zu Wissen und Information, nach dem Prinzip der *E-Inklusion*, waren für alle Akteure, wenn auch mit unterschiedlichen Begründungen, von zentraler Wichtigkeit. Das gilt ebenso für den Themenbereich Partizipation der Bürger an der Verwaltung über elektronische Kommunikationsnetze. Weniger Übereinstimmung gab es zur Frage, wie sich die *digital divide* verringern lässt. Einen wichtigen Input bekam diese Diskussion durch die Ausweitung des Begriffs, indem man sich von der einseitigen Orientierung auf Differenzen zwischen Norden und Süden abwandte und auch soziodemographische Faktoren in den verschiedenen Nationen als relevant anerkannte. Umstritten blieb vor allem die Frage, wer die Kosten für den notwendigen Infrastrukturausbau tragen soll. Ungelöst blieb auch der Konflikt zwischen wirtschaftlichen und zivilgesellschaftlichen Akteuren in der Frage, ob virtuelle Information als öffentliches oder als kommerzielles Gut zu verstehen sei. Die Diskussion zur Informationsfreiheit erfuhr während des gesamten Gipfelprozesses eine inhaltliche Verschiebung. Die anfänglichen Themenpunkte wie Meinungsfreiheit, Datenschutz oder der Schutz der Privatsphäre wurden immer mehr der Aufmerksamkeit für die Sicherheit der Netze vor Terroristen und Kriminellen untergeordnet.

Dem Weltgipfel der Informationsgesellschaft in Genf wird insgesamt vorgeworfen, dass er wenig konkrete Veränderungen mit sich gebracht habe. Zu diffus erschien die Zielformulierung und zu oft kam es zu Konflikten zwischen politisch-wirtschaftlichen Interessen und basisdemokratischen sozial-kulturellen Werten. Dennoch gelang es, das öffentliche Bewusstsein dafür zu stärken, dass die Welt durch globale Informations- und Kommunikationsflüsse umstrukturiert wird. Dies erfolgte auch dadurch, dass die Zusammenhänge zwischen den diskutierten Themen, die zuvor meistens isoliert voneinander behandelt wurden, sichtbar und zum globalen Verhandlungsgegenstand gemacht wurden. Geert Lovink, der Beobachter war, kam zu dem Schluss: »Was [...] deutlich wird, ist die Rolle des WSIS als Kontext bildende Instanz, die zukünftigen Akteuren einen Rahmen für ihre Arbeit bereitstellt, die Kommunikation mit den Behörden rechtlich absichert und neue Plattformen und Kontakte schafft.« (Lovink 2008: 221) Viele Probleme und offene Fragen des WSIS wurden am folgenden Gipfel in Tunis, der vom 16. bis 18. November 2005 stattfand, wieder aufgegriffen und neu verhandelt.

Formal und organisatorisch stand das Treffen von Tunis in Kontinuität zu dem in Genf. Die Strategie des in zwei Phasen konzipierten Gipfels bestand darin, einmal in einem entwickelten Land und einmal in einem Entwicklungsland Gast zu sein, um – so wie es in der Pressemitteilung heißt – sicher zu gehen, dass die ganze Bandbreite der Themen, die die Informationsgesellschaft betreffen, abgehandelt wird. Inhaltlich standen bei dem Treffen in Tunis vor allem zwei Fragestellungen im Mittelpunkt, einerseits jene nach finanziellen Mechanismen, um die *digital divide* zu überbrücken, andererseits die der Umsetzung einer *internet governance* – beide Themen wurden in Genf aufgrund divergierender Interessen nicht besprochen und auf Tunis vertagt. Es war die erklärte Absicht des Gipfels in Tunis, die Entscheidungen von Genf und Tunis zu implementieren und praktisch umzusetzen (vgl. www.itu.int/wsis/newsroom/press_releases/wsis/2005/ 18nov.html, 17.11.2008).

In Bezug auf die finanziellen Möglichkeiten, die *digital divide* zu schmälern, gilt es generell, den Transfer, die Entwicklungshilfe und die Zusammenarbeit im Bereich ICT zu stärken und auszubauen – dies sowohl aus öffentlicher als auch aus privater Hand. Besonders betont wird dabei neben der technischen Entwicklungshilfe auch die Bildungsarbeit – im Hinblick auf die Kompetenzen im Umgang und der Nutzung von ICT. Herausgehoben wird des Weiteren die besondere Bedeutung und Schlüsselrolle von ICT für die wirtschaftliche Entwicklung, den (globalen) Wettbewerb und (staats)öffentliche Handlungsfähigkeit. Informationstechnologie wird nicht nur als Kommunikationsmedium betrachtet, sondern als ein Instrument, welches kulturelle und gesellschaftliche Entwicklungen ermöglicht.

Bei der Umsetzung und Förderung sollen lokale und regionale Kontexte und sozioökonomische Bedingungen berücksichtigt werden. Die Kooperation und Koordination soll auf allen Ebenen (lokal, regional, national, international) intensiviert werden. Bereiche, die als finanziell besonders förderungswürdig erscheinen, sind die Stärkung von ICT-Kompetenzen sowie des Zugangs und der Konnektivität von ICT-Dienstleistungen, die Verbesserung der regionalen institutionellen Infrastruktur und der Ausbau der Breitbandtechnologie, um mehr und kostengünstigere Dienstleistungen anbieten zu können.

Empfohlen werden eine Verbesserung der Finanzressourcen, der regionalen Kooperationen, ein bezahlbarer Zugang, eine Senkung der Investitionsrisiken und Transaktionskosten, Förderung von einheimischen Finanzierungsinstrumenten, virtuelle Foren der Kooperation und Koordination sowie die Einrichtung von Fonds für ICT. Mit der Einrichtung des *Digital Solidarity Fund* wurde bereits in Genf ein

Schritt in diese Richtung getan. Es wird festgehalten, dass die ICT-Infrastruktur nicht vollständig aus der öffentlichen Hand finanziert werden kann, andererseits könnten private Investitionen und Strukturen der freien Marktwirtschaft nicht die uneingeschränkte Partizipation der Entwicklungsländer am globalen Markt der ICT-Services garantieren.

In Bezug auf die Steuerung des Internets (*internet governance*) gilt es auch hier die verschiedenen Interessengruppen und Akteure (*multistakeholder approach*) – internationale Organisationen (insbesondere UN), Interregierungsorganisationen, nationalstaatliche Regierungen, zivilgesellschaftliche Organisationen und Gruppen sowie privatwirtschaftliche Akteure – besser zu koordinieren, um eine bürgernahe, inklusive, entwicklungsorientierte und nicht-diskriminierende Informationsgesellschaft zu schaffen (vgl. www.itu.int/wsis/newsroom/press_releases/wsis/2005/18nov.html, 17.11.2008). Internetpolitik wird als souveränes Staatsrecht definiert. Die Bedeutung des Privatsektors für die technische und ökonomische Entwicklung des Internets, der Zivilgesellschaft auf kommunaler Ebene, der Interregierungsorganisationen bei der Koordination von Internetpolitik und der internationalen Organisationen bei der Entwicklung von Standards werden hervorgehoben (vgl. ebd.).

Als wichtige Ziele werden die Etablierung einer globalen Kultur der Cybersicherheit (vgl. www.itu.int/wsis/newsroom/press_releases/wsis/2005/18nov.html, 17.11.2008), die Eindämmung von Internetkriminalität und von Spams angesehen. Trotz verstärkter Sicherheitsbemühungen sollen aber die Meinungs- und Informationsfreiheit, Persönlichkeitsrechte und der Schutz der Privatsphäre gewährleistet bleiben und die Internetethik der Deklaration von Genf eingehalten werden. Des Weiteren sollen *E-Business* – bei gleichzeitigem Ausbau des Verbraucherschutzes – und *E-Government*-Aktivitäten vorangetrieben und weiterentwickelt werden. Um eine höhere, preiswertere und effektivere Konnektivität zu erreichen, soll der Wettbewerb gestärkt, das regionale Internetnetz ausgebaut, Spendenprogramme eingerichtet, zum Thema geforscht, günstiges technisches Equipment bereitgestellt, die (Interkonnektivitäts-)Kosten fair ausgeglichen und für *least developed countries* reduziert werden. Betont werden auch hier die Ausbildung und das Training von ICT-Kompetenzen in Entwicklungsländern und die stärkere Einbindung dieser in die Internetpolitik: »All governments should play an equal role and have equal responsibility for Internet governance.« (ebd.)

Auch soll eine Multilingualisierung des Internets (vgl. www.itu.int/wsis/newsroom/press_releases/wsis/2005/18nov.html, 17.11.2008) forciert und lokale und indigene Gemeinschaften (auch mittels ICT) gestärkt werden. Neben den klassischen, technischen Themen des Internets wie *naming* und *addressing*, soll *internet governance* aber auch die Entwicklung kritischer Internetressourcen, Sicherheitsfragen, Entwicklungspolitik und Fragen der Internetnutzung beinhalten. Um diese Diskussionen und Maßnahmen umzusetzen und zu implementieren, wurde von der UN ein *Internet Governance Forum* (IGF) eingerichtet.[5]

Folgender Zielkatalog soll realisiert werden:

* effektive Koordinierung und Kooperation der verschiedenen Akteure
* besondere Aufmerksamkeit für marginalisierte Menschen und Gruppen
* führende Rolle von Regierungen
* nachhaltige *E-Strategies* als integraler Bestandteil nationaler Entwicklungspläne und Strategien zur Bekämpfung von Armut
* Wissen und Know-how stärken (*capacity building*)
* ICT als Entwicklungshilfeinstrument
* Verbesserung der Konnektivität und (bezahlbarer) Zugang
* besondere Bedeutung von ICT für wirtschaftliche Entwicklung und Wachstum
* *E-Strategies*
* Klein- und Mittelstand fördern
* ICT-Kompetenz insbesondere für Marginalisierte
* Training und Ausbildung
* universelles Design
* bezahlbarer Zugang
* Zugang zu Gesundheitswissen; landwirtschaftliches Wissen
* Verbesserung der postalischen Dienstleistungen
* Entwicklung von *E-Government*
* Förderung von Erziehung, Wissenschaft und Kultur
* indigene Sprachen berücksichtigen
* *Quality E-Content*
* alte und neue Medien stärken, um einen Informationszugang für alle zu schaffen

---

5 | Die griechische Regierung erklärte sich für die Ausrichtung eines ersten solchen Forumstreffen in Athen bereit. Das zweite Treffen des IGF fand vom 12. bis 15. November 2007 in Rio de Janeiro, das dritte vom 3. bis 6. Dezember 2008 in Hyderabad statt (vgl. www.intgovforum.org, 17.11.2008).

- Medien- und Meinungsfreiheit und -vielfalt
- umweltfreundliche Produktionsprozesse
- Schutz von Kindern
- Forschungsnetzwerke stärken
- Ehrenamt und Freiwilligendienst ausbauen
- Neue Formen der Arbeit stärken (z.B. Telearbeit)
- ICT für Katastrophenwarnung, internationale Kooperation und Wissensaustausch für Katastrophenwarnung und -management
- Kinder *Helplines*
- Digitalisierung von Kultur und Tradition

(vgl. *Tunis Agenda for the Information Society*, www.itu.int/wsis/docs2/tunis/off/6rev1.html, 17.11.2008).

Der sich bis 2015 erstreckende Aktionsplan der UNO weist darauf hin, dass die Lösung bestehender Hindernisse ernst genommen und als längerfristige Herausforderung betrachtet wird.

### 3.6.5 Ausblick

Der Exkurs hat unterstrichen, dass es relevante Unterschiede zwischen den verschiedenen Akteuren in Bezug auf Ressourcen, Einflussmöglichkeiten und den Zugang zum Kernbereich der politischen Entscheidungsfindung gibt. Und nicht alle Interessen sind organisiert. Nicht alle Weltteile sind zu gleichen Teilen – in den digitalen Netzwerken – präsent. Die Entwicklungsländer sind oft nicht beteiligt. Zudem beschäftigen sich nicht alle zivilgesellschaftlichen Organisationen mit globalen Themen. Allerdings entstehen in jüngster Zeit auch Allianzen im Süden des Globus, die den Norden umgehen, in dem die meisten Computernutzer bisher zu finden waren. »Diese neuen Süd-Süd-Allianzen bringen unsere gewohnten Definitionen von Info-Entwicklung als einer exklusiven Nord-Süd-Angelegenheit schon durcheinander.« (Lovink 2008: 231)

Außerdem ist es für NGOs oft schwer, die Balance zwischen der Einbindung in transnationale Netzwerke und dem Engagement in lokalen Angelegenheiten zu halten. Es kommt immer wieder zu Disbalancen. Eine gelungene Balance zwischen der Suche nach Identität, und damit nach Abgrenzung, und der Notwendigkeit von übergreifenden Allianzen (Inklusion) – zwischen der partikularen Identität und der Einbindung in ein umfassendes Netzwerk – ist ein wichtiges Ziel. Die Bedingung für die effektive Zusammenarbeit von Gruppen in einer globalen Mobilisierung ist die Fähigkeit, sich in Allianzen zu koordinieren und zusammenzuarbeiten, die nicht zu eng sind und es so erlauben, die eigene Besonderheit zu bewahren. Nichtsdestoweniger versuchen die zivilgesellschaftlichen Vereinigungen, durch Vernetzungen Synergieeffekte zu nutzen. Durch Zusammenschlüsse werden auch Kompromisse notwendig, um ein gemeinsames Agieren zu ermöglichen. So nähern sich die Akteure der Zivilgesellschaft in ihren basalen Prinzipien einander an: »Our case studies demonstrate [...] that transnational diffusion may involve bottom-up as well as top-down adoption processes, creative reinvention by ›followers‹ as well as ›opinion leaders‹ and centripetal as well as centrifugal directions of transmission.« (Chabot/Duyvendak 2002: 728)

Die demokratisch motivierten Akteure der Zivilgesellschaft teilen diesbezügliche Werte und Interessen, welche den Organisationen helfen, Gemeinsamkeiten herzustellen. Der Erfolg sozialer Bewegungen hängt letztlich davon ab, ob es ihnen gelingt, genügend Leute zu mobilisieren, diese für ihre Themen zu begeistern und die staatlichen und wirtschaftlichen Institutionen in ihrer Entscheidungsfindung nachhaltig zu beeinflussen. Die Akteure der Zivilgesellschaft versuchen, sich global zu vernetzen, um effizienter arbeiten zu können. Globale zivile Netzwerke verbinden NGOs, soziale Bewegungen und Graswurzel-Organisationen sowie Individuen und Kampagnen miteinander (vgl. Kaldor 2003: 95). So demonstriert das vom Autorenkollektiv *Notes from Nowhere* (2007) herausgegebene Buch den weltweiten antikapitalistischen Widerstand gegen die neoliberale Globalisierung.

Netzwerke sind flexibel, fluid und ermöglichen auch kleinen Gruppierungen sich zu artikulieren. Durch grenzübergreifende und organisationsübergreifende Kommunikation und Information, eröffnen sich neue Perspektiven auf Probleme. Durch virtuelle Plattformen erlangt die Zivilgesellschaft Unabhängigkeit von den traditionellen Massenmedien und ihren hegemonialen Strukturen. Bennett schreibt hierzu: »New media provide alternative communication spaces in which information can develop and circulate widely with fewer conventions or editorial filters than in the mainstream media.« (Bennett 2003: 161) Die virtuellen zivilgesellschaftlichen Portale versorgen ihre transnationalen (Netz-)Öffentlichkeiten mit Informationen, die nicht durch die Nachrichtenfilter der konventionellen Nachrichtenagenturen hindurch gegangen sind. Sie werden durch Netzwerke wie *Twitter* oder das Internet-Videoportal *YouTube* ergänzt.

## 3.7 Zusammenfassung

Im Internet haben sich unterschiedliche diskursive Arenen herausgebildet. Bisher kann aber nicht die ganze Weltbevölkerung aktiv am Internet partizipieren. Manche sind in ihrer Meinungsbildung noch immer auf die konventionellen Medien angewiesen. Die bisherige Diskussion hat aber gezeigt, dass die Zivilgesellschaft an Bedeutung gewinnt und sich eine transnationale Öffentlichkeit auf der Basis digitaler Technologien herausbildet. Ihre wesentlichsten Einfluss- und Machtressourcen sind ihr Wissen, ihr Problem- und Risikobewusstsein sowie die damit verbundene Fähigkeit zur Mobilisierung von Öffentlichkeiten. Die neuen transnationalen sozialen Bewegungen haben eine vielfältige facettenreiche Identität und sind sehr heterogen. Dabei bietet die Netzstruktur eine zentrale Bezugsbasis. Zivilgesellschaftliche Organisationen und Gruppen nutzen das Netz, um symbolischen Widerstand gegen neoliberale marktwirtschaftliche Ideologien und nationalstaatliche Prämissen zu leisten, die nicht demokratischen Entscheidungsprozessen, sondern den weltweiten Kapitalströmen gegenüber verpflichtet sind. Sie stellen virtuelle Gegenöffentlichkeiten her, greifen in politische Entscheidungsprozesse ein, versuchen themenspezifisch Aufmerksamkeit zu mobilisieren und eine kommunikative Gegenmacht zu entfalten. Bevor wir uns den zivilgesellschaftlichen Bewegungen näher zuwenden, werden wir die Konstitution von Gemeinschaften sowie die Merkmale von Netzwerken in virtuellen Räumen genauer betrachten.

# 4 »electronic tribes«

## 4.1 Die Konstitution von »electronic tribes«

Das Internet hat einige Eigenschaften, die die Konstitution von virtuellen Netzwerken bzw. Formationen begünstigen. Es ermöglicht – wie das Telefon – unmittelbare Kommunikation, eine Erfahrung von Kopräsenz und die Aufrechterhaltung von Intimität über eine Distanz hinweg. Darüber hinaus werden sowohl eine *One-to-Many-* als auch eine *Many-to-Many-*Kommunikation durchführbar (vgl. Kollock/Smith 1999). Auch die Differenz zwischen den Produzenten und den Rezipienten von Informationen wird zum Teil aufgehoben (vgl. Slevin 2000: 74). So können *computer supported social networks* (CSSNs) entstehen, in denen der virtuelle den realen Raum ergänzen bzw. ersetzen kann.

Viele der virtuellen Formationen verfügen über gemeinsame Identitäten, Normen, eine *Netiquette,* spezialisierte Interessen und Praktiken (vgl. Eckert et al. 1991; Wetzstein et al. 1995). »Wiederholtes kommunikatives Handeln im Internet führt dazu, dass sich soziale Muster bilden, dass geteilte Erwartungen und Vorstellungen von Gemeinsamkeit entstehen. Diese kollektiven Erwartungsstrukturen lassen neue (und neuartige) soziale Gebilde entstehen.« (Siedschlag et al. 2002: 24) Ergänzend beschreibt Komito (1998) virtuelle Formationen als zeitweilige Vereinigung von Personen (»temporary aggregations of individuals«). Er begründet diese Umschreibung mit instabilen, lockeren Mitgliedschaften, der Leichtigkeit, eine Gruppe wieder verlassen zu können und der Möglichkeit der gleichzeitigen Zugehörigkeit zu mehreren Gruppen, was im realen Leben nur schwer möglich ist. Oft finden wir auch eine partielle Involvierung in eine Gruppe, fokussiert auf spezielle und damit limitierte Themen. Es gibt eine eigene

Begrifflichkeit für jene, die nur passiv teilnehmen, die ursprünglich aus der Fanforschung stammt. Surman und Wershler-Henry sprechen von »lurkers – people who only read or listen to online discussions« (Surman/Wershler-Henry 2001: 33). Diese Personen bilden die so genannte Peripherie eines virtuellen Netzwerks, an das sie nur schwach angebunden sind. Im Gegensatz dazu gibt es einen Kern, der sich aus regelmäßig aktiv teilnehmenden Nutzern zusammensetzt, die ein starkes gemeinsames Interesse haben. Im *Cyberspace* findet sich eine Vielfalt von spezialisierten, sich selbst genügenden und fragmentierten Enklaven, die wir in früheren Studien als Spezialkulturen (Eckert/Winter 1987; Winter/Eckert 1990; Eckert et al. 1991) bezeichnet haben. Sie teilen ein differenziertes gemeinsames Wissen, grenzen sich von anderen ab und entwickeln affektive Bindungen. Um diese Prozesse erfahrener und gelebter Kollektivität hervorzuheben, erscheint es uns als sinnvoll, an den in der neueren amerikanischen Diskussion verwendeten Begriff des *electronic tribe* anzuknüpfen, der sich auf Michel Maffesolis (1988) Konzept des Neostammes bezieht. »We therefore define an electronic tribe as an exclusive, narrowly focused, network-supported aggregate of human beings in cyberspace who are bound together by a common purpose and procedure for the consensual exchange of information and opinions.« (Adams/Smith 2008: 17)

Oft werden die Produktion, Distribution und der strategische Einsatz von Informationen als Kernfunktionen virtueller Netzwerke genannt. Doch in einer Welt der zunehmenden Individualisierung und vermarkteter Sozialbeziehungen suchen die Internetnutzer im Netz nicht nur nach Informationen, sondern auch nach neuen Freundschaften, sozialer Unterstützung und nach einem Gefühl der Zugehörigkeit. Im Zeitalter dessen, was Zygmunt Bauman (2003), in Anlehnung an Benedict Anderson, als eine Phase der imaginierten Gemeinschaften beschreibt, kommt es zur Bildung von gefühlsintensiven und oft temporären Vergemeinschaftungsformen (Maffesoli 1988) oder zur Herausbildung von Wahlnachbarschaften (Winter/Eckert 1990) in Form von *electronic tribes*. Da diese verschieden spezialisierte Interessen und unterschiedliche Vorstellungen von Kollektivität haben, sind auch ihre *Online*-Mitgliedschaften vielfältig. Mit der Zeit leisten dann jedoch viele Netzwerke, die instrumentell orientiert eingegangen wurden, persönliche, materielle und emotionale Unterstützung. In den Postsubkulturen des Internets werden neue Identitäten artikuliert, die von traditionellen religiösen, ethnischen oder sozialen Strukturen entkoppelt sind (vgl. Kahn/Kellner 2003). Hierzu schreibt Bennett: »Communication in diverse networks is ideologically thin, but rich in terms of individual identity and lifestyle narratives.« (Bennett 2003: 150) Und er fährt fort: »Such networks that do not produce common ideological or issue frames allow different political perspectives to co-exist without the conflicts that such differences might create in more centralized coalitions.« (ebd.: 154)

Darüber hinaus kann das Internet zu Bildungsprozessen führen, in denen das eigene Selbst und die Welt reflektiert werden. Seit den 90er Jahren zeigt sich dieses Potential in virtuellen *Communities* und in *Online*-Foren (vgl. Marotzki 2003; Schachtner/Höber 2008), durch Web 2.0 haben sich in den letzten Jahren die Partizipations- und Artikulationsmöglichkeiten vervielfacht (vgl. Jörissen/Marotzki 2009). So wird zum einen Wissen gemeinsam geschaffen und weitergegeben, wofür *Wikipedia* ein herausragendes Beispiel ist, zum anderen haben sich, wie das Beispiel *memorial sites* zeigt, Biographisierungs- und Erinnerungskulturen verdichtet bzw. neu herausgebildet, die der Selbstthematisierung dienen (vgl. Hahn 2000), wie Jörissen und Marotzki (2009: 107f.) darlegen. Unser Interesse gilt vor allem den Bildungsprozessen, die sich in den deliberativen Kulturräumen des Internets vollziehen und zur Konstitution demokratisch motivierter Formationen führen.

## 4.2 Die Beziehung zwischen virtuellen und realen Räumen

Diese neuen sozialen digitalen Räume überschreiten Zeitgrenzen, geographische Räume und andere materielle Umstände. Dabei kann der lokale Kontext die Prozesse im virtuellen Raum beeinflussen. Wir bringen unser Wissen, unsere Erfahrungen und Werte in den digitalen Raum mit, wenn wir uns einloggen, surfen und an virtuellen Formationen teilnehmen (vgl. Van Dijk 1999: 160). Virtuelle und lokale Kommunikation gehen oft ineinander über und wirken aufeinander ein (vgl. Wellman 2001: 34). Dabei zeigt die Forschung, dass entstehende Computernetzwerke so vielfältig und unterschiedlich wie ihre sozialen Mitglieder und die Zwecke sind, zu denen sie geschaffen wurden (vgl. Wellman 1999). Jedoch entfalten virtuelle Netzwerke eine Eigenständigkeit und -dynamik. Es werden neue soziale Realitäten, Beziehungen, Gemeinschaften und Kulturen geschaffen. Diese können für die Beteiligten einen ähnlichen Wirklichkeitscharakter wie Face-to-Face-Beziehungen gewinnen.

Ein wichtiges Merkmal von virtuellen Formationen ist die vereinfachte Fluktuation ihrer Mitglieder. Dabei gibt es jedoch Unterschiede zwischen den Mitgliedern einer virtuellen Gruppe. Je nach

Status wächst bzw. sinkt die Bereitschaft eine Gruppe zu verlassen (vgl. Döring 2003: 522). Der harte Kern von etablierten Mitgliedern (Stammnutzer bzw. *Regulars*) weist meist wenig Bereitschaft auf, den kommunikativen Kontext zu verlieren. Anders verhält es sich bei der fluktuierenden Peripherie. Wir schließen daraus, dass wenn sich Nutzer erst einmal in einem gewissen virtuellen Feld etabliert haben, ihre Bereitschaft sinkt, dieses wieder zu verlassen. Dies trifft sich auch mit Befunden zu nicht virtuellen Sozialwelten (vgl. Winter 1995). Die Aufgabe von politischen Gruppen, seien sie nun zivilgesellschaftlich oder von der institutionellen Politik ausgehend, ist daher die langfristige Einbindung der Nutzer in ihre Strukturen.

Virtuelle Formationen können sozial heterogen zusammengesetzt sein. *Cyberlinks* zwischen verschiedenen Leuten werden zu sozialen Verbindungen unterschiedlicher Milieus, welche ansonsten sozial und physisch sehr abgeschlossen voneinander sein können. Trotzdem sprechen wir nicht von einer einzigen virtuellen Polis, die sich aus technisch kompetenten Bürgern zusammensetzt. Ganz im Gegenteil: In der virtuellen Welt treffen wir auf vielfältige Formationen mit ihren je spezifischen Zielen, Regeln und Orientierungen, in denen es zu unterschiedlichen Erwartungshaltungen und Bedürfnissen kommen kann. Smith (1999: 160) vertritt die These, dass Konflikte in virtuellen Netzwerken viel schwieriger zu lösen seien, da deren heterogene Komposition Verständigungsprozesse erschwert und Missverständnisse in der Kommunikation fördert. Gehemmt werden Konfliktlösungsprozesse durch die Anonymität virtueller Interaktion, lose Verbindungen oder rein textbasierte Kommunikation. Im virtuellen Raum können wir uns mit den zu uns passenden Gruppen verbinden, aber auch von ihnen lösen, wenn sie uns nicht mehr zusagen. Spezialisierte Interessengruppen entstehen, die eine neue virtuelle Geographie hervorbringen. Das Anwachsen der Optionen fördert die Individualisierung und gleichzeitig die gesellschaftliche Fragmentierung.

Demgegenüber sehen wir die Vernetzungen unterschiedlichster transnationaler zivilgesellschaftlicher Bewegungen auf digitalen Metaportalen. Auch hier treffen Formationen aufeinander und schließen sich unter einem gemeinsamen Credo zusammen. Sie alle teilen Übereinkünfte in Bezug auf Problemstellungen und Lösungsmöglichkeiten in grundlegenden Fragen, auch wenn sie in Detailfragen unterschiedliche Ansichten aufweisen können. Zusammenfassend unterstreicht Olesen die Bedeutung des Internets in diesem Zusammenhang:

»In general, we may say that the Internet should be expected to facilitate transnational framing processes due to the following features: the blurring of the
producent-recipient dichotomy; the potential of *many-to-many* communication;
the relative low cost of communication via the Internet; the relative ease with
which people can use technically sophisticated equipment; the reduction of the
time lag between sending and receiving information, the difficulty of suppres-
sing/censoring information distributed on the Internet.« (Olesen 2005: 50f.)

Auf diese Weise bilden sich im Netz demokratisch organisierte, soziale
Räume heraus, in denen über verschiedene Themen diskutiert wird
und gemeinsame Interpretationsrahmen entworfen werden. Es werden Informationen ausgetauscht, es wird debattiert, über konkurrierende Auffassungen gestritten, Unbehagen, Empörung und auch Kritik an gesellschaftlichen Missständen artikuliert. Dieses kommunikative Handeln, das an Verständigung orientiert ist, kann zu geteilten
Bezugsrahmen und einer demokratischen Konsensfindung führen,
aus welcher gemeinsame Aktivitäten resultieren – beispielsweise die
Teilnahme an Protestkundgebungen oder virtuelle Kampagnen, Un-
terschriftenaktionen über Mailinglists oder das Posten eigener Petiti-
onen, Bilder oder Videos. Die in den virtuellen Gruppen entwickelten
neuen Identitäten finden ihren performativen Ausdruck in Newsfo-
ren, in interaktiven Webseiten oder in *Blogs*.

Die Schwelle zwischen Privatsphäre und Öffentlichkeit ist nicht
genau markiert, da die Bereiche ineinander übergehen. Statt in Kaf-
feehäusern, Pubs oder Lesegesellschaften, wie es für die bürgerliche
Öffentlichkeit typisch war, trifft man sich nun eher in virtuellen *Chatrooms* oder Diskussionsgruppen. Murphy und Kraidy stellen hierzu
fest: »Media technologies have created increasingly intimate, micro-
cosmic, and virtual reception environments and practices.« (Murphy/
Kraidy 2003: 306) Wellman stellt fest: »Community interactions have
moved inside the private home – where most entertaining, phone-
calling and emailing take place [...].« (Wellman 2001: 24) Man kommuniziert über die virtuellen Netzwerke miteinander und bereitet so z.B.
die Treffen an lokalen Orten bei öffentlichen Protesten oder anderen
Aktionen vor.

Autoren, die die Möglichkeiten der computervermittelten Kommunikation positiv einschätzen, denken, dass wir mit Hilfe der digitalen
Medien näher an das von Jürgen Habermas geforderte Ideal des herr-
schaftsfreien Diskurses herankommen. Wichtig dabei sind vor allem
der freie Zugang, die mögliche Partizipation aller und die weitgehend
uneingeschränkte Diskussion. Empirische Untersuchungen zeigen
jedoch, dass sich in virtuellen Gruppen soziale Hierarchien herausbil-

den können, z.B. durch die unterschiedlichen digitalen Kompetenzen (vgl. Kollock/Smith 1999). Hierarchien entfalten sich im virtuellen Raum auch dort, wo organisiert, reguliert und gestaltet wird. Ohne Regulierungen geht es auch in virtuellen Formationen nicht. Mit den Regeln kommt es zu einer Manifestation von Machtpotentialen, je nachdem wer die Regeln erstellt und kontrolliert. Zwei Kriterien, die bei der Konstruktion von Rangordnungen angewendet werden, sind die Fähigkeit mit dem Medium umzugehen (Grad des Trainings) und die Erfahrung mit dem Thema der jeweiligen Gruppe. Surratt weist auf weitere Unterscheidungsstrategien zwischen den verschiedenen Mitgliedern einer virtuellen Gruppe hin: »Key distinctions in status that members of such groups make are between the ›regular‹ and the ›newbie‹. These distinctions are made relevant through talk and can and do result in the uneven distribution of resources and privileges among participants as well as uneven exercise of power in social relationships.« (Surratt 1998: 230)

Einige Forscher sind der Meinung, dass soziale Kategorien wie Ethnizität oder Geschlecht bei der Herausbildung einer virtuellen Rangordnung keine Rolle spielen. Für sie sind die Interaktionen im Internet weniger stereotyp und vorurteilsvoll gestaltet. So argumentieren Kollock und Smith: »[...] people's physical appearance is not manifest online (yet), individuals will be judged by the merit of their ideas, rather than by their gender, race, class, or age.« (Kollock/Smith 1999: 9) Wellman und Milena stellen fest: »The lack of status or situational cues can also encourage contact between weak ties.« (Wellman/Milena 1999: 341)

Empirische Studien zeigen jedoch, dass Alter, Geschlecht oder Ethnizität auch im *Cyberspace*[1] bzw. im Zugang zum Internet eine relevante Rolle spielen. Nehmen wir als ein Beispiel den Anteil der amerikanischen Bevölkerung ohne Internetzugang. Noch im Jahre 2006 waren 27 % der US-Amerikaner *offline* (Mossberger/Tolbert/McNeal 2008: 2): Es sind z.B. Arbeiterfamilien in den afroamerikanischen Vierteln der amerikanischen Großstädte, die keinen Zugang besitzen. Solche Gruppierungen kommen in der Regel gar nicht ins Netz. Mossberger/Tolbert/McNeal (2008) kommen zu dem Schluss, dass auch bei steigender Nutzung des Internets Formen der Exklusion erhalten bleiben. Diese sind mit anderen Formen kultureller und sozialer Ungleichheit verknüpft. »Studies [...] have demonstrated that income, edu-

---

1 | Vgl. Kolko/Nakamura/Rodman (2000), die das Thema *Race in Cyberspace* aufarbeiten und dabei demonstrieren, wie sich diese soziale Kategorie auch in den digitalen Raum einschreibt.

cation, age, race, and ethnicity all matter for having internet connections at home [...] or using the Internet in any place [...] These disparities have continued over time, with the exception of gender.« (ebd.: 8) Weiße Männer aus der Mittelschicht sind jene, die wahrscheinlich weltweit den größten Anteil an Nutzern ausmachen. Hierarchien, die wir in der physischen Welt bereits vorfinden, schreiben sich in den digitalen Raum ein.

Dagegen zeichnet sich eine realisierte demokratische Netzöffentlichkeit dadurch aus, dass alle einen Zugang haben und sich bemühen, sich an bestimmte Regeln zu halten (Offenheit gegenüber Kritik, gegenüber anderen Themen und Meinungen, gegenüber neuen Mitgliedern, Bereitschaft zur Selbstreflexion, Orientierung an gemeinsamen Problemdefinitionen und Lösungen etc.), damit es zu demokratiepolitisch relevanten Diskursen kommen kann.

Insgesamt betrachtet sind virtuelle Formationen in der Regel hilfreiche zusätzliche soziale Realitäten, die auf Partizipation und Kollaboration aufbauen. Sie interagieren mit lokalen Kontexten in einem Prozess der gegenseitigen Beeinflussung. Es bilden sich neue soziale Praxen aus, in denen die Selbstinitiative, Bildungsprozesse und die Partizipation entscheidende Bedeutung haben. Im folgenden Exkurs möchten wir dies am Beispiel der Fankulturen zeigen, die spezialisierte Sozialwelten (vgl. Winter/Eckert 1990, Winter 1995) bzw. partizipative Kulturen im Sinne von Jenkins (2006b) darstellen.

## 4.3 Exkurs: Die digitale Transformation der Fankulturen

Zu Beginn der Publikumsforschung gab es eine strikte Unterscheidung zwischen dem Feld der Massenkommunikation und dem der interpersonalen Kommunikation, weil es in dem ersteren eine sozial, ökonomisch und kulturell institutionalisierte Differenz zwischen Produktion und Rezeption gab (vgl. Press/Livingstone 2005: 183f.). Die neuen, auf Interaktion und Partizipation angelegten digitalen Medien verwischen aber die Grenzen zwischen »Produktion und Rezeption als Kommunikationsmomente, als institutionalisierte Formen von Praxis und als Forschungsfelder« (Fornas et al. 2000 nach Press/Livingstone 2005: 184) zunehmend. Es ist, wie Jenkins (2006a, 2006b) feststellt, eine durch digitale Technologien ermöglichte Kultur der Partizipation entstanden, die in diametralem Kontrast zu den früheren Vorstellungen vom passiven Zuschauer steht und in der die Fans eine wichtige Rolle einnehmen. Inhalte werden zunehmend über verschiedene mediale Plattformen distribuiert, so dass es zu einer Konvergenz der

Medien kommt, die nicht nur ein technologischer Prozess ist, sondern auch kulturelle Transformationen zur Folge hat. Von den Konsumenten wird nämlich eine aktive Teilhabe erwartet. So ermutigen z.B. neue Fernsehserien wie *Heroes, True Blood* oder *Lost*, die voller Geheimnisse, Rätsel und Mehrdeutigkeiten sind, Fans dazu, nach zusätzlichen und weiterführenden Informationen im Internet zu suchen und sich in Foren darüber auszutauschen. Die Fans stellen Verbindungen zwischen den in unterschiedlichen Medien verfügbaren Inhalten her (Mikos 2005). Hierzu sind sie aber auch auf soziale Kontakte zu anderen angewiesen. Es entstehen Gemeinschaften, in denen Wissen gemeinsam geschaffen, zirkuliert und debattiert wird (vgl. Jenkins 2006d: 27). So führen die meisten Fans heute kein zurückgezogenes Leben mehr, sondern äußern sich öffentlich und oft lautstark. Beispielsweise können Fans »Dialoge zusammenstellen, Episoden zusammenfassen, Subtexte diskutieren, selbst Fangeschichten verfassen, ihren eigenen Soundtrack aufnehmen, ihre eigenen Filme machen – und all dies weltweit über das Internet zirkulieren.« (Jenkins 2006c: 16) Konvergenz bezieht sich also sowohl auf die Produktions- und Distributionsstrategien der global operierenden Kulturindustrien als auch auf die Praktiken des Medienkonsums.

Damit ist die Fanforschung vor neue Aufgaben gestellt. Die Analyse der Konvergenzkultur erfordert nämlich Formen der *Online-*Ethnographie, die die neuen sozialen Kontexte methodisch angemessen erforschen können. So knüpft Nancy Baym in ihrer Studie *Tune In, Log On. Soaps, Fandom, and Online Community* (2000) an die ethnographischen Studien zur Rezeption von *Soap Operas* an. Im Zentrum ihrer Untersuchung steht aber die Analyse der in einer *Newsgroup* produzierten *Online-*Texte, in denen die Entwicklung der *Soap All My Children* diskutiert wurde. Sie nahm drei Jahre lang nicht nur an den virtuellen Interaktionen teil, sondern nahm auch Kontakt zu einigen der Teilnehmerinnen in der physischen Welt auf. Auf dieser Basis gelingt es ihr, differenziert zu zeigen, wie die Gemeinschaft der Zuschauerinnen *online* und *offline* durch sich wiederholende Praktiken geschaffen und aufgeführt wird. Die *Newsgroup* lässt sich als eine mediatisierte und textuelle Performance des Fanseins begreifen.

Hätte Baym nur die Diskussionen in der *Newsgroup* untersucht, so wäre ihre Studie, basierend auf teilnehmender Beobachtung textbasierter Interaktion im Netz, eine rein virtuelle Ethnographie eines neuen Kommunikationsraums gewesen, wie sie in vielen Untersuchungen der ersten Phase der Internetforschung üblich war. Um eine Ethnographie des Internets zu betreiben, ist es aber erforderlich, das textuelle Material, das das Internet bietet, in Beziehung zum kultu-

rellen und sozialen Kontext des Gebrauchs digitaler Technologien zu
setzen (vgl. Press/Livingstone 2005: 192ff.). Zudem muss es vor dem
Hintergrund der Rezeption der *Soap* im Wohnzimmer analysiert werden. Nur auf diese Weise können determinierende Kräfte des sozialen
Kontextes und seiner Praktiken wie z.B. Formen sozialer und kultureller Ungleichheit angemessen berücksichtigt werden. Trotzdem ist
zu erwarten, dass virtuelle Ethnographien von Fanwelten, bei denen
körperliche Anwesenheit in den untersuchten Szenen nicht erforderlich ist und die deshalb oft weniger aufwändig sind, an Bedeutung
zunehmen werden, weil »Interaktionen im virtuellen Raum immer
komplexer und immer selbstverständlicher werden« (Bachmann/Wit-
tel 2006: 209). Dabei verändert sich aber der Erfahrungszusammen-
hang des Ethnographen. Es muss neu bestimmt werden, was man unter teilnehmender Beobachtung versteht.

Die Nutzung des Internets beinhaltet das Lesen und Schreiben von
Texten. So gehört es zu den Aufgaben des virtuellen Ethnographen die
Bedeutungen zu verstehen, die in textuellen Praktiken ausgedrückt
werden (vgl. Hine 2000: 50). Dabei ist eine Ethnographie der Konnektivität für die Erforschung des Internets von großer Relevanz, weil
es nicht durch statische Grenzen, sondern durch Verknüpfungen und
Netzwerke geprägt wird (vgl. ebd.: 61f.). Nicht physische Orte, sondern kulturelle Prozesse stehen im Zentrum. So fragt der Ethnograph
nicht, »was ist das Internet, sondern wann, wo und wie ist das Internet« (ebd.: 62). Wenn er z.B. *Links* untersucht, interessiert ihn, wie
sie inszeniert werden, wohin sie führen und welche Transformationen
sich bei seinen Explorationen im Netz ergeben. Vom Ethnographen
wird so keine distanzierte textuelle Analyse erwartet, sondern ein
aktives und interaktives Engagement (vgl. ebd.). Er soll auch die Verknüpfungen zwischen dem Virtuellen und dem Realen untersuchen,
was gerade in Bezug auf das Verständnis von Fanwelten von wichtiger
Bedeutung ist.

Neben den *Newsgroups* sind vor allen Dingen elektronische *Fanzines* ein wichtiges Untersuchungsobjekt für die Fanforschung. An-
fangs waren *Fanzines* Organe, die oft schwer zugänglich waren und
in kopierter Form eine Gegenöffentlichkeit konstituierten (vgl. Winter
1995: 153ff.; Duncombe 1997). Sie ermöglichten eine überlokale Kommunikation und eine soziale Organisation der Welt der Fans. Denn
sie dienten dem Austausch und der Zirkulation von Wissen. Beispielsweise wurde über Fantreffen, über Aktivitäten und andere *Fanzines*
in der jeweiligen Sozialwelt berichtet. Sie waren auch ein Medium,
um die eigene Produktivität zu entfalten und Anerkennung bei ähnlich Interessierten zu finden. Auf diese Weise trugen sie entscheidend

zur Herausbildung gemeinsamer Perspektiven bei und nahmen eine herausragende Rolle in der kulturellen Ökonomie der Sozialwelt ein, in der Bedeutungen und Wissen zirkulieren (vgl. Fiske 1992). Das *On-line-Fanzine*, das *e-zine*, ist nun ein leichter zugängliches und viel effizienteres Mittel, um eine kulturelle Gemeinschaft ästhetisch Gleichgesinnter zu schaffen und aufrecht zu halten. Außerdem sind die Produktionskosten geringer, und man kann ein viel größeres Publikum erreichen. Daneben legen viele Fans auch *Online*-Archive an, die neuen Fans leichter und schneller als früher Zugang zur Geschichte eines Fantums geben können. So können sie schneller von der Rolle des Novizen zu der des Touristen oder des Buffs wechseln (vgl. Winter 1995: 161-195). Das *e-zine* verkörpert also ein enormes kreatives Potential und neue Möglichkeiten für die Produktionen von Fans, insbesondere für Fan-Künstler (vgl. Atton 2004: 138ff.). Auf diese Weise wird eine Vielfalt an Informationen verfügbar, was zu einer weiteren Verdichtung und Spezialisierung von bestehenden Fankulturen führt. Gleichzeitig können neue Fankulturen entstehen, wie das Beispiel der so genannten »Qualitätsfernsehserien« (wie z.B. *24* oder *Lost*) zeigt, die von Anfang an das Internet in die Rezeption der Serie durch Fans miteinbezogen haben. Interessierten Fans wird durch aufwändig gestaltete Homepages eine Vielfalt von Wissen, Anknüpfungspunkten und Assoziationsmöglichkeiten gegeben.

Seit ihren Anfängen in der Sciencefiction-Szene dienen *Fanzines* auch dazu, als minderwertig und von den kulturellen Eliten missachtete Genres zu würdigen. So konnte ich bei meiner Untersuchung der Horror-Sozialwelt fast vierzig *Fanzines* ausfindig machen, die sich u.a. dem Splattergenre widmeten (vgl. Winter 1995: 153). In der Form von *e-zines* haben sich diese subkulturellen Organe nun vervielfacht und die gedruckten Magazine fast vollständig ersetzt. Einige der abweichenden Genres und Themen haben im Zuge der postmodernen Aufwertung des Marginalen nun auch ein breiteres Publikum gefunden und werden auch im Fernsehen behandelt, so dass sich *e-zines*, um ihrem subkulturellen Charakter weiterhin gerecht werden zu können, Genres, Themen und Formen zuwenden, die auch heute noch marginal sind. Eine weitere Strategie von *e-zines* gegen die Inkorporation in den Mainstream ist die Anhäufung und Verbreitung eines fast schon enzyklopädischen Wissens zu einem Thema wie z.B. zu einer Musikrichtung. So stellt Atton fest:

»Fan sites like *Elephant Talk* and the *European Free Improvisation* Home Page can be thought of as encyclopaedias. They bring together the range of ›departments‹ familiar to us from the printed fanzine – record and concert reviews,

analysis and discussion, discographies and other information, musical mate-
rials and so on – but are able to arrange them in parallel and update them
as necessary, while preserving their original arrangement.« (Atton 2004: 149)

Dieses Wissen kann dann zur sachkundigen Orientierung und zu
einem vertieften Verständnis benutzt werden. »In effect, fans come
to perform their own detailed critiques of their chosen subjects. Such
displays of specialised knowledge are common across the range of fanzines and conspicuously set them apart from the bulk of any mainstream critical attention.« (Atton 2004: 140) In einem weiteren Schritt
können die Fans selbst kreativ werden und ihr Wissen z.B. über eine
Fernsehserie verwenden, um selbst Geschichten über die Charaktere
zu schreiben und im Internet zu veröffentlichen. Das spektakulärste
Beispiel, das schon vor der Zeit des Internets existierte, ist die *Slash
Fiction* von *Star Trek*-Fans (vgl. Penley 1997; Green et al. 1998), in der
die Serie gegen den Strich gelesen und abweichend bzw. oppositionell
dekodiert und refokussiert wird. Die Fans transformieren nämlich die
heterosexuelle und maskuline Welt der Serie, Kirk und Spock werden
ein homosexuelles Paar. Es wird ein kultureller Widerstand gegen lange Zeit dominante Genderpositionen im Fernsehen artikuliert.

Jenkins hat die Idee entwickelt, das Konzept der kollektiven Intelligenz von Pierre Lévy (1997) auf Fankulturen im Internet anzuwenden.
Dieser versteht darunter eine Form der Intelligenz, die auf der Basis
der neuen Medien entsteht. Das Internet habe durch seine schnellen
und intensivierten *Many-to-Many*-Kommunikationen zu einer Deterritorialisierung des Wissens geführt, in deren Folge ein neuer Wissensraum entstanden sei, der zur Partizipation, Interaktivität und dem
gemeinsamen Teilen von Wissen einlade. Auf der Basis spezialisierter
Interessen und emotionaler Besetzungen entständen neue Wissens-
gemeinschaften, die einen freiwilligen, temporären, partizipativen
und auch taktischen Charakter hätten, wobei die kollektive Intelligenz
durch das Zusammenführen des jeweils exklusiven Wissens der einzelnen entstehe (vgl. Jenkins 2006d: 27ff.).

Vor diesem Hintergrund begreift Jenkins (2006e: 136ff.) *Online-
Fan-Communities* als Verkörperung dieser neuen kollektiven Intelligenz, die jedoch nicht automatisch entsteht, sondern von den Anstren-
gungen und Aktivitäten der einzelnen Fans abhängt. Damit verbunden
ist auch die Einebnung der Differenzen zwischen Autoren und Lesern
sowie zwischen Produzenten und Zuschauern. Auf diese Weise sollen
sich für die Fans mehr Teilnahme- und Gestaltungsmöglichkeiten ergeben. Die Wissenskultur soll auch die Warenkultur eindämmen und
regulieren. Jenkins (ebd.: 145) führt als Beispiel den ästhetischen Wan-

del an, den Fernsehserien in den letzten Jahren durchlaufen haben. Sie sind komplexer in ihrer Narrationsstruktur und ihrer Zeichnung von Charakteren geworden. Zudem sind sie auf der intertextuellen und auch auf der paratextuellen Ebene sehr vielschichtig.

»To some degree, these aesthetic shifts can be linked to new reception practices enabled by the home archiving of videos, net discussion lists, and Web program guides. These new technologies provide the information infrastructure necessary to sustain a richer form of television content, while these programs reward the enhanced competencies of fan communities.« (Jenkins 2006e: 145)

Das *Quality TV* wäre also in seiner heutigen Form ohne die Aktivitäten der Fans im Internet nicht denkbar. So könnte man die Überlegung von Jenkins fortführen. Im Weiteren führte er auch die Kultur der Computerspiele als ein Beispiel an.

Die Einschätzungen von Lévy und Jenkins sind sehr optimistisch, weil sie einer Kultur von unten, die auf Partizipation, Mitmachen und Mitgestalten fokussiert ist, eine wichtige Rolle in der Herausbildung kollektiver Intelligenz in einer digital geprägten Umwelt zuweisen. Allerdings blendet diese optimistische Einschätzung die konkreten Macht- und Herrschaftsverhältnisse in der globalen Postmoderne – mit Ausnahme der Verdinglichungsprozesse in der Warenökonomie – weitgehend aus. Sie erinnert an die Diagnosen von Marshall McLuhan und zeigt, dass eine Medientheorie ohne Einbettung in eine Gesellschaftsanalyse nur Teilaspekte erhellen kann, aber in ihren bisweilen weit reichenden Folgerungen skeptisch beurteilt werden sollte.

## 4.4 ZUSAMMENFASSUNG

Im Internet entstehen neue soziale Räume, in denen sich Menschen treffen, um Meinungen und Informationen auszutauschen oder um soziale Unterstützung zu finden. *Online* entstehen neue Formen der Sozialität, *electronic tribes*. Auch reale Gruppen verlagern einen Teil ihrer Kommunikation in das Internet, wodurch sich die Binnen- und Außenkommunikation der Gruppen verändert. Oft wird die virtuelle Kommunikation als ein zusätzliches Hilfsmittel zur Überbrückung von Zeiträumen, in denen sich die Mitglieder nicht physisch treffen können, genutzt. Doch auch virtuell organisierte Formationen, die entweder nur im digitalen Netz agieren oder ihre Aktionen auch auf das *real life* ausweiten, entwickeln sich. Es kommt zu neuen Formen kollektiver Identität und Intelligenz. Immer öfter nehmen Menschen in ihrer Privatsphäre an der (Netz-)Öffentlichkeit teil. Die beiden Kommunikationssphären lassen sich nicht strikt voneinander trennen. Ein wesentliches Merkmal einer Mitgliedschaft in einem virtuellen sozialen Raum, ist die Selbstinitiative oder die Lust an der Partizipation. Das Wechseln zwischen verschiedenen Formationen fällt leichter, vor allem für jene, die sich in der Peripherie der virtuellen Welten bewegen. Merkmale virtueller Formationen sind unter anderem ihre heterogene Zusammensetzung und die vereinfachte Fluktuation ihrer Mitglieder. Die Nutzer konstruieren ihre eigene Netzidentität, beteiligen sich an verschiedenen virtuellen diskursiven Arenen und wechseln ihre Zugehörigkeiten situations- und themenspezifisch.

# 5 Perspektiven demokratischer Öffentlichkeiten im Internet

Bevor wir untersuchen, wie transnationale soziale Bewegungen und zivilgesellschaftliche Portale versuchen, die Bürger in virtuelle diskursive Arenen einzubinden, die den Charakter von Öffentlichkeiten gewinnen, werden wir uns mit dem Ideal der deliberativen Demokratie und der Konzeption von Öffentlichkeit in der Kritischen Theorie und den Cultural Studies näher auseinandersetzen.

## 5.1 Öffentlichkeit und das deliberative Demokratiemodell

Jürgen Habermas versteht unter politischer Öffentlichkeit »Kommunikationsbedingungen, unter denen eine Meinungs- und Willensbildung eines Publikums von Staatsbürgern zustande kommen kann.« (Habermas 1990: 38) Seine Grundidee ist, dass eine Gemeinschaft von Individuen an einer rationalen und kritischen Debatte teilnimmt und dass in diesem kommunikativen Prozess die öffentliche Meinung gebildet wird. Eine demokratisch legitimierte Öffentlichkeitssphäre erfordert einen Zugang, der thematisch offen ist sowie von der Gleichheit der Beteiligten und einem prinzipiell nicht abgeschlossenen Publikum ausgeht (vgl. Wimmer 2007: 73). So schreibt Schmidtke: »The ideal is that communication, as the exchange of arguments, under conditions of equal access will be allowed to be the normative guide of democratic renewal.« (Schmidtke 2002: 61)

Dabei ist die öffentliche Sphäre in der alltäglichen Lebenswelt verankert. Politische Informationen müssen wahrgenommen werden, ehe sie Anschlusskommunikation oder partizipative Handlungen bewirken können. Hierzu muss deren Relevanz für das alltägliche Leben erkennbar sein. So müssen z.b. das im Zuge der neoliberalen Globalisierung erfahrene Leid und die damit verbundene Empörung zunächst im unmittelbaren sozialen Kontext artikuliert und interpretiert werden, bevor sie in der Öffentlichkeit zum Thema werden können.

»Für die Bürger und Bürgerinnen gibt es bisher im Wesentlichen zwei Typen der Teilnahme an politischer Kommunikation bzw. an Öffentlichkeit: Einmal haben sie die Möglichkeit, sich mit anderen Individuen auszutauschen und so ein ›Stück‹ Öffentlichkeit konstruktiv herzustellen. Zum anderen können sie politisch gemeinte oder dafür relevante Inhalte von Medien rezipieren.« (Krotz 2000: 211)

Öffentlichkeiten sind durch unterschiedliche Formen der Teilhabe gekennzeichnet. Manche wollen sich nur informieren, andere wollen zusätzlich am eigenen Interesse orientierte Wissensbestände aufbauen und pflegen sowie andere sich informieren und überzeugen möchten.

Habermas sieht diese demokratischen Strukturen in der bürgerlichen Öffentlichkeit verwirklicht, die im 18. Jahrhundert in seiner Lesart eine Rationalität des Diskurses etablierte, die einen Gegenpol zum absolutistischen Staat schuf. Jeder Bürger soll unabhängig von seiner Herkunft, seinen Eigenschaften oder Fähigkeiten an der Wahrheitsfindung mittels Reflexion und Argumenten teilhaben. Dabei soll sich das bessere Argument in einer idealerweise unbegrenzten Kommunikation durchsetzen, und ein herrschaftsfreier Diskurs gepflegt werden. Diese deliberativen Räume waren aber Frauen und auch Männern mit einem bestimmten Klassenhintergrund oder ethnischer Herkunft nicht zugänglich, was in der Kritik an Habermas hervorgehoben wurde (vgl. Varnelis/Friedberg 2008: 17).

Bereits Mitte des 19. Jahrhunderts kommt es aber durch die Verbreitung der Massenpresse zu einer Kommerzialisierung der Massenkommunikation. Nun sind die Verkaufszahlen entscheidend. Die Techniken der Personalisierung, Sensationalisierung und Boulevardisierung rücken ins Zentrum. Der Inhalt von Zeitungen wird weitgehend entpolitisiert, sie verlieren ihren Charakter als ein Medium einer auf Kommunikation und Verständigung ausgerichteten Öffentlichkeit. Die Leser werden nun nicht mehr als Bürger, sondern als Konsumenten angesprochen. Außerdem werden subtile Techniken der öffentlichen Beeinflussung und Manipulation entwickelt, mit denen organisierte Gruppen im politischen Bereich ihre Interessen durchsetzen. Es kommt zu einem politischen Funktionswandel und zu einer Refeudalisierung der Öffentlichkeit. Sie wird zu einem Theater, in dem Politik als ein inszeniertes Spektakel dargeboten wird, bei dem Bilder und die persönlichen Images der Politiker im Zentrum stehen (vgl. Kellner 2003, 2005). In der massenmedialen Öffentlichkeit konkurrieren nun unterschiedliche Privat- und Marktinteressen. Die horizontale Kommunikation zwischen den Bürgern weicht einer vertikalen zwischen den Massenmedien und den Bürgern (vgl. Downey/ Fenton 2003: 186). So treten die kommunikativen Begegnungen in den Hintergrund oder verschwinden fast vollständig, ein zerstreutes, entpolitisiertes Publikum entsteht. An die Stelle der politischen Partizipation tritt immer mehr der Konsum, die Öffentlichkeit wird zunehmend instrumentalisiert und vermachtet.

In seinem soziologischen Hauptwerk *Die Theorie des kommunikativen Handelns* (1981) führt Habermas diese Perspektive fort. Er zeigt, wie sich in der spätmodernen Gesellschaft die Systeme von staatlicher Bürokratie und Wirtschaft zunehmend von der Lebenswelt abkoppeln und nach Maßstäben der Effizienz und des Profits organisiert sind. Es kommt zu einer Kolonialisierung der Lebenswelt, die von den Steuerungsmedien der Systeme besetzt wird. Allerdings betont Habermas, dass die Strukturen der Lebenswelt, die sich durch sprachliche Verständigung und Handlungskoordination reproduzieren, ein kommunikatives Potential enthalten, das widerständig ist und nicht vollständig vereinnahmt werden kann. Damit revidiert er zum Teil seine pessimistische Einschätzung in *Strukturwandel der Öffentlichkeit* (1962, Neuauflage 1990). Dort hat er die Rezipienten eher als passive Konsumenten betrachtet. Gerade die Untersuchungen der Cultural Studies seit Stuart Hall (1980) weisen darauf hin, dass Medienpublika eigensinnig und eigenständig mediale Botschaften verarbeiten, in ihre lebensweltlichen Hintergründe übersetzen und dementsprechend handeln können (vgl. Winter 2001). Die zentrale Frage ist, wie dieses Potential als kommunikative Gegenkraft zum System entfaltet werden kann.

Im Kontext von Cultural Studies, vor allem in den Arbeiten von John Fiske (vgl. Fiske 1994; Winter/Mikos 2001) und Douglas Kellner (vgl. Kellner 1995; Winter 2005) wurde auf verschiedene Formen von Gegenöffentlichkeit hingewiesen. Fiske analysierte u.a. die Rolle von Videoaktivisten in den Ghettos von Los Angeles und am Beispiel eines alternativen Radios in Springfield, Illinois, die Gegenöffentlichkeit der »African Americans«. In neueren Arbeiten beschäftigt sich Kellner zusammen mit Richard Kahn (vgl. Kahn/Kellner 2003, 2005) mit radikalen und oppositionellen Subkulturen im Internet. Gerade die digitalen Medien sind für Kellner und Kahn wichtige Elemente einer demokratischen Politik von unten.

Habermas ist dem Internet anfänglich gegenüber eher skeptisch eingestellt, sieht aber in der Zivilgesellschaft, in den »nicht-staatliche[n] und nicht-ökonomische[n] Zusammenschlüsse[n] und Assoziationen auf freiwilliger Basis« (Habermas 1992: 443), einen Gegenentwurf zur massenmedial beherrschten Öffentlichkeit. Vor allem neue soziale Bewegungen und NGOs können auf der Grundlage eines rationalen Austauschs von Argumenten die öffentliche Kommunikation revitalisieren, indem sie zum einen Einfluss auf die etablierten politischen Akteure ausüben, zum anderen die eigene Handlungsfähigkeit bewahren und stärken (vgl. ebd.: 447). So fasst Wimmer die Position von Habermas folgendermaßen zusammen:

»Für Habermas ist die nicht vermachtete, an den Problemstellungen der Zivilgesellschaft angelehnte Öffentlichkeit ein Grundpfeiler seines deliberativen Politikmodells [...]. Die Zivilgesellschaft etabliert sich jenseits der institutionalisierten und vermachteten Zusammenhänge von Öffentlichkeit. Daher ist die in ihr stattfindende Öffentlichkeit für ihn der Ort, an dem unangetastet von eigenen Interessen debattiert wird und sich der Bürger von anderen durch evidente Argumente überzeugen lässt.« (Wimmer 2007: 81)

Habermas setzt also auf die kommunikative Macht der Zivilgesellschaft, die das politische System beeinflussen soll. Die kommunikative Rationalität entfaltet dann ihr Potential, wenn auf der Basis von intersubjektiv nachvollziehbaren Gründen versucht wird, zu einer zwanglosen Übereinstimmung zu kommen. Diese Konzeption einer gegenseitigen Verständigung ist freilich umstritten, weil u.a. darauf hingewiesen wird, dass auch die Lebenswelt von einer Mikrophysik der Macht im Sinne Foucaults (1975) durchdrungen ist. Außerdem vertreten neue soziale Bewegungen oft Interessen und unterwerfen sich, um erfolgreich wahrgenommen zu werden, auch den Zwängen des Mediensystems und betreiben *Public Relations* (vgl. Plake et al. 2001: 41). Das deliberative Modell von Demokratie, das auf dem Glauben an einen mündigen Bürger beruht, der bereit ist, sich für das Gemeinwohl einzusetzen, stößt schnell an Grenzen. In diesem Modell wird

»der demokratische Raum [...] als relativ herrschaftsfreier Diskursraum gedacht, in welchem Autorität vor allem durch die Gültigkeit, Glaubwürdigkeit und Überzeugungskraft von Argumenten erlangt wird und der Zwang besteht, im öffentlichen Gespräch Positionen zu vertreten, die sich am Gemeinwohl orientieren müssen, damit sie breite Zustimmung gewinnen« (Leggewie 2003: 90).

Unter Deliberation verstehen wir die genaue Betrachtung und Abwägung von Themen und deren Auswirkungen. Doch in der Praxis ist die Umsetzung dieses Ideals oft schwierig. Leggewie meint, dass »[...] die Erörterung öffentlicher Angelegenheiten rasch an Grenzen [stößt], die durch die anspruchsvolle Qualität der Kommunikation und den gewollten oder ungewollten Ausschluss kommunikationsunwilliger Privatleute gezogen sind« (Leggewie 2003: 103). Es fehlt manchmal nicht nur an der Bereitschaft für die Teilnahme an demokratiepolitischen Prozessen, sondern auch an den nötigen Voraussetzungen. Zudem beeinflussen soziale Hierarchien, ökonomische Bedingungen, Bildungsstand und andere kontextuelle Rahmenbedingungen demokratische Prozesse.

In diesem Zusammenhang unterscheidet Papacharissi (2002) in Bezug auf das Internet zwischen dem öffentlichen Raum und der Öffentlichkeit. Während es im öffentlichen virtuellen Raum, der aus unterschiedlichen fragmentierten Cybersphären besteht, nicht notwendigerweise zu diskursiven Auseinandersetzungen kommt, die als Ziel einen demokratischen Konsens in der betreffenden Teilöffentlichkeit haben, kann von politischer virtueller Öffentlichkeit im Sinne der deliberativen Demokratie erst ausgegangen werden, wenn diese Bedingungen erfüllt sind:

»The public sphere is understood to be a space of public discourse, opinion forming, and controversy [...]. The public sphere can be understood as a collection, or network, of social spaces [...] in the public sphere, members of society exchange ideas, discuss matters of common interest, and consequently form various collective identities and ›public opinion‹.« (Joss 2002: 221)

Die Öffentlichkeit wird als ein Bereich verstanden, an dem politische Partizipation durch die Einbindung in Diskurse stattfindet, unabhängig von der institutionellen Kontrolle und Vermachtung. NGOs oder neue soziale Bewegungen können die öffentliche Agenda verändern, indem sie eine transnationale Netzöffentlichkeit herstellen und darin einen kritischen Kommunikationsprozess fördern. In solchen Prozessen liegen Potentiale für demokratiepolitisch wichtige Umstrukturierungen. Papacharissi meint: »[...] the internet provides yet another forum for political deliberation. As public sphere, the internet could facilitate discussion that promotes a democratic exchange of ideas and opinions.« (Papacharissi 2002: 11) Die Beteiligung an Diskursen verlangt Reflexion, durchdachte und auf Argumenten aufbauende Kommunikationsbeiträge und ein Eingehen auf oppositionelle Auffassungen, um schließlich einen Konsens finden zu können. Die Herausbildung einer politischen Öffentlichkeit ist demokratiepolitisch von höchster Relevanz, wenngleich sie nicht die alleinige Garantin von Demokratie ist. Doch die demokratische Konsensfindung bildet die Grundvoraussetzung für ein gemeinsames Auftreten gegenüber etablierten politischen Entscheidungsträgern.

In diesem Zusammenhang unterscheiden Plake et al. (2001: 37) zwischen zwei Dimensionen der Öffentlichkeit: Einen zivilgesellschaftlichen, durch Bürgerinteressen konstituierten und einen durch partikulare, strategisch organisierte Interessen vermittelten Typus. Der erste ist auf Entdeckung, der zweite auf Rechtfertigung hin ausgelegt. Diese beiden Dimensionen können wir auch im digitalen Raum entdecken: Auf der einen Seite befinden sich politische Parteien, Regierungen und andere Institutionen mit ihren Webauftritten. Sie nutzen den virtuellen Raum vor allem für repräsentative Zwecke und Eigenwerbung. Hinzu kommen noch Informationen, die dem Nutzer oder der Nutzerin politische Entscheidungen erläutern sollen. Auf der anderen Seite finden wir Webportale von zivilgesellschaftlichen Organisationen, die das Ziel verfolgen, kritische Kommunikation zu fördern und zusätzliche, dem allgemeinen Mainstream entgegengesetzte und von ihm abweichende Informationen zu liefern. Die zivilgesellschaftlichen Konstrukteure solcher Portale erhoffen sich dadurch Reflexionen, die Initiierung von Diskursen, die in der Folge dann in aktives Handeln gegen hegemoniale gesellschaftliche Kräfte münden können.

## 5.2 Fragmentierungstendenzen in der vernetzten Öffentlichkeit

Allerdings gibt es auch die Auffassung, die neuen Kommunikationstechnologien würden die Vereinzelung fördern und eine Fragmentierung der öffentlichen Sphäre in viele kleine Teilöffentlichkeiten, eine Cyberbalkanisierung, bewirken. So schreibt Dahlgren: »Many of the separate public spheres in the form of news groups and chat rooms remain very separate. They become spaces for bonding among likeminded individuals, with limited openings for [...] ideas that challenge basic premises.« (Dahlgren 2001: 50) Diese Position scheint aber übertrieben zu sein. »Contrary to this hypothesis, Internet users have greater overall exposure to political arguments, including those that challenge their candidate preferences and policy positions.« (Mossberger/Tolbert/McNeal 2008: 52) Terranova kommt in Bezug auf Diskussionsgruppen im Internet zu dem Schluss: »They connect individuals and groups to each other, but also disconnect them from the totality of Internet users in order to focus on specific issues.« (Terranova 2001: 110) Verschiedene *Communities* sowie Öffentlichkeiten existieren im Internet nebeneinander. Jede Formation hat ihre je spezifischen Normen, Werte und Regeln. Deshalb können wir auch von unterschiedlich differenzierten und fragmentierten kommunikativen Arenen sprechen. Nicht alle Arenen politischer Kommunikation dienen demokratischen Interessen. Die virtuelle Öffentlichkeit ist also eine plurale Formation, es gibt verschiedene *Cybercultures* und *Cybercommunities*. Dennoch sind die unterschiedlichen Teilöffentlichkeiten – auch jene des privaten Raums – im digitalen Netzwerk prinzipiell miteinander verflochten (vgl. Marschall 1998).

## 5.3 »DIGITAL CITIZENSHIP«, POLITISCHE PARTIZIPATION UND DIE KONSTITUTION VON VIRTUELLEN GEGENÖFFENTLICHKEITEN

Das individuelle Vorwissen und erworbene Fähigkeiten spielen eine entscheidende Rolle dabei, wie schnell der einzelne Nutzer sich virtuell an politischen Prozessen beteiligen kann. Verfügt der einzelne Nutzer über die erforderlichen Kompetenzen und Fertigkeiten sowie über das nötige kulturelle, soziale, ökonomische oder symbolische Kapital, kann sich seine Teilnahme am politischen Geschehen wesentlich vereinfachen. Man kann in Kampagnen involviert sein, ohne den Wohnzimmersessel zu verlassen. Dabei sollten Kampagnen oder virtuelle Diskussionen einen Bezug zur Lebenswelt der Nutzer haben. Denn Personen engagieren sich meist erst dann für eine Sache, wenn sie selbst in irgendeiner Art und Weise von ihren Auswirkungen betroffen sind. Ein fehlender Bezug zur eigenen Lebenswelt kann ein großes Hemmnis für die Partizipation an Forumsdiskussionen oder anderen virtuellen Diskursen darstellen. Donath bemerkt hierzu:

»In der Sphäre seiner alltäglichen Lebenswelt verfügt der Bürger über ein wachsendes Problembewusstsein, eine gehobene Problemlösungskompetenz und tendenziell auch über eine höhere Bereitschaft, an der politischen Gestaltung seines Lebensraumes mitzuwirken. Deshalb gehört die kommunale Ebene zu jenen Bereichen, in denen eine verstärkte politische Einbindung des Bürgers erstrebenswert und am ehesten möglich ist.« (Donath 2004: 4)

Es gibt *online* verschiedene Formen der Teilhabe am Geschehen. Die Rezeption von Informationen und Meinungen, das Versenden oder der Empfang von Nachrichten, *Podcasting*, das Publizieren oder Ansehen von Videos auf *YouTube*, die Suche nach vertiefenden Hintergrundinformationen oder die aktive Teilnahme an *Chatrooms*. Allerdings ist es bei Webforen und Mailinglisten manchmal nur eine kleine Anzahl von Leuten, die sich regelmäßig aktiv beteiligt. Oft sind die vertretenen Meinungen so kontrovers, dass ohne eine Moderation keine Konklusionen gewonnen werden können. Viele posten nur eine Botschaft oder registrieren sich, ohne in der Folge dann aktiv zu werden. Foren und Mailinglisten bieten die Möglichkeit, die eigene Meinung offen kundzutun. Dies kann dazu führen, dass die Teilnehmer mit verschiedenen Perspektiven und alternativen Informationen versorgt werden. Die Reflexivität der eigenen Meinungen kann sich erhöhen – vorausgesetzt, dass über die gemachten (virtuellen) Erfahrungen kritisch nachgedacht wird.

Solange die Mehrheit der Nutzer sich nicht als aktive Bürger der Zivilgesellschaft an dem digitalen Netzwerk beteiligt, sondern es allenfalls verwendet, um privaten Freizeitinteressen nachzugehen, wird es zu keinen demokratiepolitisch relevanten Veränderungen kommen. Tambini stellt fest: »[...] surveys of content of discussion groups reveal that most users are interested in using the network to organize leisure and social activity, and political activity is secondary.« (Tambini 1999: 316) Wichtig ist es, sich selbst bewusst als Bürger einer globalen Zivilgesellschaft wahrzunehmen. Couldry stellt hierzu fest: »People must come together to debate matters of general interest aware that they do so in the capacity of citizens [...].« (Couldry 2003: 95) Dahlgren verstärkt diese Aussage, indem er schreibt: »[...] people need to see themselves at least in some way as citizens [...].« (Dahlgren 2003: 159) Mossberger/Tolbert/McNeal (2008) können zeigen, dass die Nutzung des Internets die politische Partizipation stärkt. So förderten die interpersonale E-Mail-Kommunikation und die Teilnahme in politischen *Chatrooms* die Bereitschaft, sich z.B. an der Präsidentenwahl im Jahre 2000 zu beteiligen.

»The Internet fosters participation in three ways. By offering information to help make informed decisions and promote discussion, by supplying outlets such as chat rooms that permit individuals to meet and discuss politics, and by providing interest groups, candidates, and parties a means for revitalizing the mobilization efforts of earlier eras through e-mail.« (Mossberger/Tolbert/ McNeal 2008: 89)

Digitale transnationale zivilgesellschaftliche Portale schaffen es, über die Anbindung an die lebensweltlichen Kontexte der Nutzer, diese für die Partizipation an politischen Prozessen zu gewinnen. Das eigentliche Ziel solcher Interessengruppen ist neben der Thematisierung gesellschaftlicher Problemlagen in der Folge die konkrete Politikgestaltung.

Die zivilgesellschaftlichen Portale bieten auch eine Vorselektion der für sie relevanten Themen an. Die permanente Arbeit von transnationalen Aktivisten versorgt uns mit Informationen zu globalen Problemlagen und Missständen. In Anlehnung an Ulrich Becks Konzept der Weltrisikogesellschaft (vgl. Beck 2008) gehen wir davon aus, dass es vor allem wahrgenommene Bedrohungen, Krisen und Risiken sind, die eine Aufmerksamkeit über die eigenen nationalen und lokalen Interessen hinaus entstehen lassen. Auf den virtuellen zivilgesellschaftlichen Portalen kann es dann zur Herstellung eines gemeinsamen transnationalen Deutungsrahmens kommen, der die Voraussetzung für Protestaktionen und die Konstitution sozialer Bewegungen ist: »Transnational framing refers to the processes through which physically, socially and culturally dispersed social actors develop a degree of common understanding, enabling us to speak about the existence of informal transnational networks.« (Olesen 2005: 22)

Es sind vor allem Rahmen der Empörung und der Ungerechtigkeit, die in den neuen sozialen Bewegungen entwickelt und geteilt werden. Die neoliberale Globalisierung und ihre negativen Folgen werden kritisiert und abgelehnt. Das mit ihr verbundene Konzept einer liberalen Demokratie wird als eine Demokratie der Eliten bezeichnet und durch ein radikaldemokratisches Verständnis ersetzt (vgl. Olesen 2005: 44ff.). Das Ziel einer transnationalen demokratischen Öffentlichkeit kann, wie McGrew (2002: 157) feststellt, z.B. die globale soziale Gerechtigkeit sein.

Unsere bisherige Argumentation legt nahe, dass es sinnvoll ist, das Konzept Gegenöffentlichkeit für bestimmte Bereiche der politischen Kommunikation im Internet zu verwenden. Es wurde in der Studentenbewegung als ein Gegenbegriff gegenüber der massenmedial und politisch vermachteten Öffentlichkeit entwickelt, die die bestehenden (Herrschafts-)Strukturen legitimiert (vgl. Gilcher-Holthey 2000). Negt und Kluge (1972) sowie Nancy Fraser (1992) sprechen von Gegenöffentlichkeit und leiten damit den Diskurs über multiple Öffentlichkeitssphären ein. »I propose to call these subaltern counterpublics in order to signal that they are parallel discursive arenas where members of subordinated social groups invent and circulate counterdiscourses to formulate oppositional interpretations of their identities, interests, and needs.« (Fraser 1992: 123) Dominante Öffentlichkeiten mit ihren hegemonialen Diskursen koexistieren neben subkulturellen Öffentlichkeiten. Negt und Kluge begreifen die Öffentlichkeit als ein vielschichtiges, dezentrales Phänomen. Es ist die Rede von einem offenen und inklusiven Netzwerk mit fließenden zeitlichen, sozialen und

sachlichen Grenzen (vgl. Plake/Jansen/Schuhmacher 2001: 37). Im
Anschluss an Negt/Kluge definieren Plake et al. Gegenöffentlichkeit
folgendermaßen:»Gegenöffentlichkeit bezeichnet Aktivitäten zur
Verbreitung von Informationen und Meinungen, die [...] die Aufmerksamkeit der Bevölkerung auf weitgehend unbeachtete, nichtsdestoweniger für die Allgemeinheit als bedeutsam angesehene Themen zu
richten versuchen.« (ebd.: 25)

Es gibt zwei Arten der Konstitution von virtuellen Gegenöffentlichkeiten: Entweder sie eröffnen eine Webseite mit einem virtuellen Netzwerk und produzieren so eigene Medien wie z.b. *Blogs* und Videos,
oder sie veranlassen traditionelle Medien durch Inszenierungen, wie
beispielsweise Kampagnen, dazu, auf sie hinzuweisen und damit das
übliche Inhaltsspektrum zu sprengen. Bieber (1999: 165ff., 184) unterscheidet zwischen verschiedenen *Online*-Strategien, die dazu dienen,
Öffentlichkeit zu erlangen. So werden Logos für Kampagnen kreiert,
Info-Seiten eingerichtet, Kettenbriefe verschickt, *Online*-Streiks und
virtuelle Sit-ins veranstaltet. Auch Angriffe von Hackern gehören zu
diesen Strategien.

Wichtig in diesem Zusammenhang ist die dezentralisierende
Tendenz des Internets. Nutzer benötigen kein Zentrum mehr, um
miteinander in Kontakt zu treten. Die »Massen« spalten sich in
kleine Gruppen auf. Öffentlichkeiten bilden sich an verschiedenen
Knotenpunkten im digitalen Netzwerk, ohne dabei Rücksicht auf
fixe Kommunikationszentren nehmen zu müssen. Transnationale
zivilgesellschaftliche Vereinigungen versuchen, auf die Neubildung
elektronischer Öffentlichkeiten Einfluss zu nehmen, anstatt lediglich von außen deren Kommerzialisierung zu beklagen. So setzt sich
die Netzkritik zum Ziel, die theoretischen Überlegungen der Netz-
werkphilosophie in politische Einflussnahme auf die demokratische
Gestaltung der neuen elektronischen Öffentlichkeiten zu verwandeln
(vgl. Oy 2002). Die digitalen Medien bieten den Gegenöffentlichkeiten
zusätzliche öffentliche Bühnen an. NGOs, soziale Bewegungen und
andere subkulturelle Akteure hoffen dadurch auf eine Stärkung der
Partizipation. Die Gegenöffentlichkeiten formieren sich als Antwort
auf ihre Exklusion aus dominanten hegemonialen Diskursen. Dabei
versuchen sie, als ein Korrektiv im Netz gegenüber den hegemonialen
Öffentlichkeiten zu wirken.

Die neuen Kommunikations- und Informationstechnologien ermöglichen alternativen oder radikaldemokratischen Stimmen und
Gruppen, die ansonsten einen kleinen Bekanntheitsgrad haben, sich
zu äußern, gehört zu werden und weltweite Unterstützung zu finden
– der Erfolg der mexikanischen Zapatista-Bewegung ist ein hervorra-

gendes Beispiel dafür, wie eine Organisation die traditionellen Medien umgehen und ihr Anliegen ohne Zensur und Selektion im Internet darstellen und dessen interaktive und dezentrale Qualität nutzen kann. So stellt Subcommandante Marcos fest:

»A new space, a novel space, that was so new that no one thought a guerrilla could enter into it, is the information superhighway, the Internet. It was a terrain not occupied by anyone [...]. The fact that it has been possible to distribute this type of news on a channel that cannot be controlled, efficiently and fast, is a very serious blow [...] because the information is everywhere at the same time.« (1997 nach Olesen 2005: 191)

Mexikos Zapatistas werden deshalb von Manuel Castells (2002) als die erste informationelle Guerillabewegung betitelt. Inhaltlich betrachtet, wird der Zapatismus, wie Antonio Negri (2009: 69ff.) feststellt, von der Vorstellung einer anderen Moderne getragen, von einer Zukunft, in der die kapitalistische Moderne überwunden ist. »Der Zapatismus ist dabei keine gegen Entwicklung gerichtete Ideologie, er steht zum Primat der Produktion, doch bindet er das zurück an die Gemeinschaft als Prozess.« (Negri 2009: 72)

1994 gelang es der *Ejército Zapatista de Liberación Nacional* (EZLN) in Chiapas, die 1983 von einer kleinen Gruppe urbaner Intellektueller mit einer revolutionären Vision und politisierten Indigenenführern gegründet wurde, eine weltweite Aufmerksamkeit durch die Nutzung der neuen Medien zu erlangen (Olesen 2005).[1] Ausgangspunkt war die Besetzung mehrerer Bezirkshauptstädte durch die EZLN in der Nacht des 1. Januar, als das Nordamerikanische Freihandelsabkommen (NAFTA) in Kraft trat. In einer Deklaration, die mit dem Satz »Heute sagen wir: Ya basta!« beginnt, wird der neoliberal orientierten Regierung der Krieg erklärt. Angesichts der negativen Folgen der Privatisierung und Deregulierung für den größten Teil der mexikanischen Bevölkerung wird diese wirtschaftliche Orientierung als ungerecht wahrgenommen. Der Krieg dauert nur wenige Tage und kostet 150 Menschen das Leben. Schließlich demonstrieren Hunderttausende in Mexiko-Stadt gegen die befürchtete Ausrottung der indigenen Aufständischen, so dass es zu einem Waffenstillstand und Gesprächsversuchen kommt. Angesichts ihrer Unterlegenheit und der massiven öffentlichen Kritik an kriegerischen Handlungen wenden die Zapatis-

---

1 | Die folgende Darstellung folgt Huffschmid (2004: 23ff.).

tas sich an die Öffentlichkeit. Zuerst gibt Subcommandante Marcos, der immer maskiert ist, ein Presseinterview.[2]

»Ab März [1994 – RW] tauchen die ersten EZLN-Texte im Internet auf, zunächst noch als elektronische Kopien der gedruckten Kommuniqués, wenig später über eigene Websites, Internetlisten, Konferenzen und Diskussionsforen mexikanischer und internationaler Netzwerke, auf denen neben den Originaltexten vor allem Reportagen und Augenzeugenberichte in Umlauf gebracht werden.« (Huffschmid 2004: 24)

In einer minutiösen Diskursanalyse kann Huffschmid (2004) zeigen, dass die Zapatistas vor allem durch ihre Taktiken der Wortergreifung, die bestehende Diskurse unterwandern und dekonstruieren, berühmt und populär geworden sind. Sie bezeichnet sie als Diskursguerilla, die mittels Wortspielen, Performances, literarischen und philosophischen Statements symbolisch die Machtstrukturen bekämpft und demokratische Freiräume erschließt. Durch den Einsatz digitaler Medien, die die lokalen und nationalen Akteure in Chiapas und Mexiko mit transnationalen Akteuren verband, wurden die Zapatistas dann weltweit bekannt. So nutzten sie das alternative Computernetzwerk *La Neta*, das seit 1993 Mitglied der *Association for Progressive Communication* (APC) ist, um sich mit den weltweiten Solidaritätsgruppen zu vernetzen und Informationen zur Situation aus ihrer Perspektive zu verbreiten.[3] »Nevertheless, computer-mediated communication en-

---

2 | Zur Bedeutung von Marcos für die Bewegung stellt Olesen (2005: 213) fest: »The EZLN has benefited significantly from the communication skills of Subcommandante Marcos, who has a cosmopolitan and well-educated background that makes it easier to connect to a non-Mexican audience than it would have been, for example, for an indigenous peasant leader with little education and experience outside Chiapas.«

3 | In ihrer instruktiven Studie *Von Pfeil und Bogen zum »Digitalen Bogen«* (2008) zeigt Ferreira, wie auch die indigene Bevölkerung Brasiliens das Internet nutzt, um jenseits sozialer, kultureller und geographischer Barrieren eine virtuelle diskursive Arena zu schaffen, in der politische Angelegenheiten artikuliert, diskutiert und ausgehandelt werden können. Sie kommt zu dem Ergebnis: »Indigene Gemeinschaften nutzen das Internet, um ihre Geschichte und Kulturen zu dokumentieren und darzustellen, um ihren Standpunkt zu verschiedenen Themen äußern zu können und sich zu informieren. Es ist ein Versuch, Macht zu erlangen, um ihre eigene Zukunft selbst gestalten zu können, und um nicht von globalen Entwicklungen ausgeschlossen zu werden oder durch Informationsgefälle benachteiligt zu werden.« (Ferreira 2008: 228)

ables this kind of information to reach a relatively large audience beyond the immediate network and outside the circuits of mainstream
media.« (Olesen 2005: 96) Die Zapatistas schafften es, eine »elektronische transnationale zivilgesellschaftliche Bewegung« (Sassen 2008:
590) zu organisieren, die sich als eine transnationale Gegenöffentlichkeit begreifen lässt. Dieses Netzwerk der Unterstützung, zu dem z.b.
NGOs gehörten, die sich mit Handel, Menschenrechten oder sozialer
Gerechtigkeit beschäftigten, und die Reisen der Zapatistas durch die
gesamte Republik machten es der mexikanischen Regierung unmög-
lich, Repressionen im großen Stil auszuüben. Sie willigte in weitere
Verhandlungen ein. Die Zapatistas konnten Einfluss auf die politische
Entscheidungsfindung gewinnen und z.b. die von der Regierung geplanten Umsiedelungen ihrer Dörfer verhindern (vgl. Castells 2002:
80-91). Allerdings werden die indigenen Völker immer noch nicht als
Rechtssubjekte betrachtet, die einklagbare Rechte haben (Huffschmid
2004: 28).

Die Zapatistas vertreten die Vision einer radikalen Demokratie,
die auf eine Politisierung der transnationalen Zivilgesellschaft zielt.
Dieser »radikale Demokratierahmen« (Olesen 2005: 166ff.) wurde von
der EZLN im Dialog mit Solidaritätsgruppen wie NGOs entwickelt,
die sich zur Zeit des Aufstandes bereits mit der Möglichkeit demokratischer Transformationen beschäftigten. Dieser soziale Wandel soll
nicht nur in Chiapas, sondern auch in den lokalen und nationalen Set-
tings der Netzwerkaktivisten herbeigeführt werden.

## 5.4 Digitale Praktiken und der Kampf um eine andere Globalisierung

Die demokratische Globalisierung basiert auf Gruppen und Bewegungen der Zivilgesellschaft sowie unabhängigen (nichtkommerziellen) Medienorganisationen, auf Websites und verschiedenen digitalen Praktiken. Zunächst sind jene Aktivitäten zu nennen, die wir mit
dem Terminus *Cyberaktivismus* zusammenfassen. Darunter verstehen
wir alle politischen Aktivitäten, die im virtuellen Raum stattfinden.
Sandor (2003) verweist darauf, dass die Strategien der Aktivisten entweder »Internet-enhanced« oder »Internet-based« sein können. Im ersten Fall wird das Internet vor allem dafür genutzt, die traditionellen
Strategien wie Proteste effizienter zu planen und durchzuführen, indem das Internet beispielsweise als zusätzlicher Informationskanal
genutzt wird. Bei der zweiten Kategorie handelt es sich um politische
Aktivitäten, die nur im virtuellen Netz möglich sind, wie beispielswei-

se das Blockieren von Webseiten. McCaughey und Ayers listen weitere
Formen auf:

»[...] small and large networks of wired activists have been creating online peti-
tions, developing public awareness Web sites connected to traditional political
organizations [...], building spoof sites that make political points [...], creating
online sites that support and propel real-life (RL) protest [...], designing Web
sites to offer citizens information about toxic waste, and creating online organizations.« (McCaughey/Ayers 2003: 1f.)

Die virtuellen Netzwerke scheinen stärker zu sein, als ihnen das ge-
wöhnlich zugetraut wird. Auch virtuelle Plattformen des alternativen
Journalismus wie *www.alternet.org*, *www.fair.org* oder *www.indymedia.*
*org* bilden einen Gegenpol zu den traditionellen Medien mit ihren hegemonialen Diskursen. Marginalisierte Gruppen wie die Zapatistas
haben größere Chancen, mit ihren Botschaften gehört zu werden. Mit
den digitalen Medien ist auch die Hoffnung verbunden, dass jene, die
infrastrukturell etwa durch geographische Randgebiete benachteiligt
und kaum an die Trends in den globalen Metropolen angebunden
sind, stärker integriert werden.

In diesem Zusammenhang werden auch *Blogs* als ein Mittel der
Ermächtigung und des sozialen Wandels betrachtet (Lim/Kann 2008:
93ff.). Vor allem machtlose Menschen und Gruppen sollen nun auch
selbst Nachrichten produzieren können. Dabei führt die Praktik des
Verlinkens in der *Blogosphäre* dazu, dass man mehr als im realen Raum
mit abweichenden, divergenten sowie singulären Ideen und Auffassungen konfrontiert wird, die in Prozesse der Deliberation einfließen
und in reale Dialoge münden können. Allerdings entsteht keine ideale
und umfassende Öffentlichkeit im Sinne von Habermas, wie Lim und
Kann (ebd.: 95) feststellen. Es bilden sich vielfältige, miteinander zum
Teil vernetzte politische Teilöffentlichkeiten heraus. »Nevertheless,
political blogging is a unique online practice that expands the political
sphere from the elites to commoners more effectively than previous
Internet applications such as Web sites could.« (ebd.: 95)

Ein sehr gutes Beispiel für alternative Medien und partizipativen
Journalismus ist auch die Schaffung von *Independent Media Centern*
(Indymedia/IMC). Diese sind kollektive, egalitäre und nicht hierar-
chische Netzwerke von Aktivisten, die mittels Berichten, Fotos und
Filmen die Wirklichkeitsrepräsentationen der dominanten Medien in
Frage stellen, kritisieren und alternative Perspektiven, die der demo-
kratischen Globalisierung verpflichtet sind, offerieren. So versuchen
sie z.B. öffentliche Aufmerksamkeit für die Folgen der globalen Erd-

erwärmung zu gewinnen und damit Druck auf Politiker und Regierungen auszuüben. Das Internet wird zu einem performativen Raum. Handlungen werden vollzogen, indem sie geäußert werden. Auf diese Weise ermöglichen digitale Technologien auch weniger dichten und organisierten Netzwerken Themen zu setzen, alternative Perspektiven zu entfalten und ihnen eigenständige Bedeutung zu geben. »This alternative news organization helped relatively powerless groups frame and disseminate their message as well as exercise leverage against a powerful, international organization.« (Lim/Kann 2008: 79)

Dabei geht es vor allem darum, oft lange bestehende, chronisch gewordene Problemlagen, Gefahren und Risiken mittels der Schaffung von medialer Aufmerksamkeit in dringende und drängende Angelegenheiten zu verwandeln, die erledigt werden müssen. Hierzu setzen soziale Bewegungen z.B. Protestereignisse wie Demonstrationen, öffentliche Spektakel oder Aktionen im Internet ein. Kommerzielle Medien, die der Kultur des Konsums (vgl. Sklair 1998) verpflichtet sind, berichten in der Regel nicht über diese Proteste, die durchaus auch antikapitalistischen Charakter haben können (vgl. Scholz 2008). Der Logik des Konsums, die das neoliberale Netzwerk stärkt und aufrechterhält, stellen die neuen sozialen Bewegungen die Menschenrechte und die Demokratie gegenüber, die universal gelten sollen. Mittels des Internets, vor allem durch Web 2.0, können sie eigene autonome Inhalte, die ihre Sicht der Welt ausdrücken, produzieren und verbreiten. Auf diese Weise umgehen sie die ideologischen Kontrollmechanismen der kommerziellen Medien.

Aufgabe der IMCs, deren Zentrum die eigene Webpage ist, ist es nun gerade, über den politischen Aktivismus und globale Kampagnen zu berichten. Sie verknüpfen die lokale Arbeit mit globalen Auseinandersetzungen, wobei der globale Kontext für die Wahrnehmung und Ausrichtung der Bewegung entscheidend ist. In einem weiteren Schritt können die Kampagnen dazu dienen, transnationale Koalitionen zu schmieden. Daneben sollen sie Aktivisten helfen, Fertigkeiten und Kompetenzen in der Medienproduktion und der elektronischen Kommunikation zu erwerben und zu verfeinern. IMCs sind dem *open publishing*-Prinzip verpflichtet und versuchen, autonome *Online*-Zonen zu schaffen (vgl. Meikle 2002: 92ff.). Sie knüpfen damit an die Tradition der *Fanzines* und der von Jugendlichen geprägten *DIY-Culture (Do-it-yourself)* an (vgl. ebd.: 97), die grünen Radikalismus mit direkten politischen Aktionen, neuen musikalischen Sounds und Erfahrungen verband. Den IMCs gelingt es ein anderes, vor allem komplexeres Bild von sozialen Bewegungen als die Mainstreammedien zu zeichnen, sie vielschichtiger und differenzierter zu rahmen.

Die neuen sozialen Bewegungen nutzen also das Internet in ihrem Netzwerk aktiver Beziehungen, die auf kommunikativen sowie interaktiven Praktiken, auf Aushandlungs- und Entscheidungsprozessen beruhen (vgl. Melucchi 1996). Darüber hinaus zielen die Praktiken von *Indymedia* auf eine Demokratisierung des Journalismus, weil jeder dazu aufgefordert wird, als Journalist tätig zu sein und die technischen Möglichkeiten hierfür zur Verfügung gestellt werden. Weiterhin werden die Praktiken der traditionellen Journalisten und ihre positivistischen Konzeptionen von Objektivität und Unparteilichkeit radikal in Frage gestellt. Demgegenüber entwirft der alternative *Online*-Journalismus eine der Gemeinschaft verpflichtete Ethik, die parteiisch, eingreifend und verbindend ist (vgl. Atton 2004: 37ff.). In seiner sozial kontextuellen und selbstreflexiven Orientierung stellt er den traditionellen Journalismus auf diese Weise grundsätzlich in Frage.

Das Web 2.0 lädt auch zu vielfältigen Praktiken des Remix ein, in denen digitale Technologien dazu genutzt werden, neue Produkte zu schaffen, die dann im Internet verbreitet werden, ohne dass ihr Entstehungszusammenhang und ihr Charakter sofort offensichtlich wären. So werden Inhalte aus verschiedenen Quellen zusammengebracht, transformiert und mit anderen geteilt.

»Political remix engages mainstream poltical artifacts. Remix artist-activists recognize that the products of mainstream politics (such as political news on CNN) are source material that can capture widespread attention. By mashing up, remixing, or playing out alternative narratives, remix activists transform mainstream artefacts to promote new political messages. Many remix videos, edit existing ads or news footage to create parodies and satires with new political meanings.« (Lim/Kann 2008: 96)

Ein weiteres Beispiel, auf das wir eingehen möchten und das mit der politischen Internetnutzung verknüpft ist, ist die Konzeption der taktischen Medien, die mittels künstlerischer Praktiken und *Do-it-yourself*-Medien Dissens artikulieren (vgl. Lovink 2004). Im Sinne Michel de Certeaus (1988) sind Taktiken von den Gelegenheiten abhängig, die sich in den durch Strategien organisierten Räumen auftun. Sie zeichnen sich durch Heterogenität, Erfindungsgeist, Kunstfertigkeit und das Kombinieren von Möglichkeiten aus. Er schreibt:

»Im Gegensatz zu den Strategien [...] bezeichne ich als *Taktik* ein Handeln aus Berechnung, das durch das Fehlen von etwas Eigenem bestimmt ist [...]. Die Taktik hat nur den Ort des Anderen [...]. Dieser Nicht-Ort ermöglicht ihr zweifellos die Mobilität – aber immer in Abhängigkeit von den Zeitumständen –, um im Fluge die Möglichkeiten zu ergreifen, die der Augenblick bietet. Sie muss wachsam die Lücken nutzen, die sich in besonderen Situationen der Überwachung durch die Macht der Eigentümer auftun. Sie wildert darin und sorgt für Überraschungen.« (de Certeau 1988: 89)

Anders als politische Aktionen haben Taktiken deshalb nicht unbedingt eine Zukunftsorientierung oder einen klar identifizierbaren Gegner. So sind sie auch nicht in der kollektiven Identität einer sozialen Bewegung verankert. Eher stellen sie im Sinne Foucaults (1987) Widerstandspunkte im Feld der Machtbeziehungen dar. Taktische Medien bringen sozial konstruierte Räume hervor, in denen mittels kommunikativer Ressourcen, einem Austausch von Ideen und imaginativer Kräfte zumindest temporär widerständige Diskurse und Subjektivitäten entfaltet werden. Durch Interventionen in die Struktur der dominanten Sinnstrukturen vollziehen sich *soft subversions* (Guattari 1996). Auch scheinbar unbedeutende Mikropraktiken können tiefgehende Wirkungen haben und zur Transformation des Bestehenden beitragen.

Taktische Medien lassen sich auch als Kontaktzonen begreifen, wie Alessandra Renzi (2008: 77) zeigt. So kann das Zusammentreffen von Künstlern und Aktivisten auf einer Mailingliste zu neuen TM-Projekten führen. Geert Lovink stellt fest: »Taktische Medien sind niemals perfekt, immer im Entstehen begriffen, performativ und pragmatisch, involviert in einem ständigen Prozess, die Voraussetzungen der Kanäle, mit denen sie arbeiten, zu hinterfragen« (Lovink 2004: 232).

In diesem Zusammenhang ist auch auf die *Temporary Media Labs* hinzuweisen, die bei internationalen Kunstausstellungen wie der *Documenta*, aber auch in anderen Bereichen eingerichtet werden, um transnationale Kooperationen zu initiieren und zu fördern sowie zu einer medialen Ermächtigung der Nutzer beizutragen. Sie schaffen einen Raum für Experimente und Aushandlungen.[4] Darüber hinaus ermöglichen taktische Medien die Ausbildung neuer Subjektivitäten und neuer Formen der Kritik, wie die Arbeit des *Critical Art Ensemble* (2007) zum elektronischen Widerstand veranschaulicht. »[...] we still believe in the pleasure and effectiveness of tacticality, and will continue in the struggle to the best of our ability – permanent cultural resis-

---

4 | Eine kurze Darstellung des Zusammenhangs von Kunst, Medien und Aktivismus findet sich in *Transnationale Guerilla* (2007) von Jens Kastner. Ausführliche und materialreiche Analysen bietet *Devenir Média* (2007) von Oliver Blondeau.

tance.« (*Critical Art Ensemble* 2008: 548) So inszenieren sie z.B. einen elektronischen zivilen Ungehorsam oder zelebrieren die utopischen Möglichkeiten des Plagiats im Zeitalter des Internets.

## 5.5 Die Herausbildung kosmopolitischer Strukturen

Die beschriebenen Beispiele für einen transnationalen Aktivismus zeigen, dass digitale Medien, insbesondere das Internet, zur Herausbildung und Stärkung von kosmopolitischen Perspektiven beitragen. Das Internet vereint als globales Kommunikationsnetz sowohl Globalität als auch Lokalität in sich. Im Sinne von Becks Konzept des »verwurzelten Kosmopolitismus« ersetzen die durch das Internet miteinander verbundenen Aktivisten »das nationale Entweder-oder durch ein multinationales Sowohl-als-auch« (Beck 2003: 30). In der Zweiten Moderne, die in seiner Lesart transnational bzw. kosmopolitisch orientiert ist, überschreiten die Subpolitiken der Zivilgesellschaft Staatsgrenzen, organisieren sich und protestieren sowohl global als auch lokal. Im Anschluss an Überlegungen von Roland Robertson (1992) und John Tomlinson (1999) spricht Beck auch von einem »ethischen Glokalismus« (Beck 2003: 41). So stärkt ein »verwurzelter Kosmopolitismus« (ebd.: 41) die Demokratie.

Der Kosmopolitismus lässt sich auch als die Fähigkeit begreifen, sich von der eigenen Identität zu distanzieren und eine Perspektive zu entfalten, die nicht auf die lokale Umgebung fixiert ist. Szerszynski und Urry charakterisieren Kosmopolitismus folgendermaßen: »Cosmopolitanism involves the search for, and delight in, the contrasts between societies rather than a longing for superiority or for uniformity.« (Szerszynski/Urry 2002: 468) Kosmopoliten zeichnen sich nach ihrer Analyse durch eine extensive Mobilität, Neugierde, Risikobereitschaft im Umgang mit dem Anderen, durch eine kritische Perspektive auf die eigene Gesellschaft und Kultur sowie durch eine ausgeprägte Fähigkeit, Botschaften und Verhaltensweisen differenziert zu interpretieren, aus (vgl. ebd.: 470). Kurasawa (2007: 5) stellt fest:

»The prototypical cosmopolitan subject is a well-travelled and open-minded polyglot who regularly negotiates between and crosses cultural boundaries, since nothing human is foreign to her. Of greater direct relevance here is the ethical imperative that follows from this world-dwelling identity, the recognition of universal moral equality.«

Ergänzend schreibt Mignolo: »[...] cosmopolitanism is a set of projects toward planetary convivality.« (Mignolo 2002: 157)

In der Mediengesellschaft beinhaltet die Erfahrung des Kosmopolitismus eine komplexe Vermischung der realen Teilhabe vor Ort mit medienvermittelter Erfahrung von Ereignissen und Erfahrungen an entfernten Orten. Meyrowitz (1987) hat diesen Prozess in Bezug auf das Fernsehen subtil und systematisch beschrieben, an dessen die Erfahrung transformierende Kraft das Internet anschließt. Es kommt zu einer Integration globaler Erfahrungen, die uns von den Medien übermittelt werden, in die alltäglichen Interessen, Belange und Erfahrungen, die zwangsläufig auch lokal gebunden sind (vgl. Tomlinson 2000: 355). Dies bringt ein verändertes, ein globales Bewusstsein mit sich (vgl. Robertson 1992). Die Welt wird als eine Einheit oder eine Gesellschaft wahrgenommen. Kosmopoliten orientieren sich nicht mehr ausschließlich an nationalen Interessen und Identitäten, sondern beziehen größere Einheiten in ihr Denken mit ein. Bei gesellschaftlichen Problemlagen und wahrgenommenen Risiken ist weniger ihre geographische Lokalisierung als ihr symbolischer Einfluss auf das globale System von wichtiger Bedeutung (vgl. Melucchi 1996: 111). Die angeführten Beispiele für transnationalen Aktivismus zeigen, dass auch der Widerstand ein globales Bewusstsein zur Grundlage hat und transnational artikuliert wird (vgl. Tarrow 2005). Gerade im Kampf für *global justice*, der sich als eine ethisch-politische Arbeit begreifen lässt (vgl. Kurasawa 2007), entsteht ein widerständiger Kosmopolitismus.

»To be cosmopolitan in this sense signifies moving past an ethically thin tolerance for otherness or kindness toward strangers, toward participation in forms of political action that assert human beings' equal status while constructing a planetary consciousness according to which a shared yet diverse human condition marked by pluralism and *métissage* can thrive above and beyond absolutist categories of familiarity, sameness and proximity.« (Kurasawa 2007: 209)

In einer kosmopolitischen Perspektive erscheint der Andere als weniger anders und wird doch in seiner Andersheit wahrgenommen und akzeptiert. Auch wenn er ein entfernt lebender Fremder ist, wird er als eine Person betrachtet, die dieselben Rechte hat. Kosmopoliten leben in einem doppelten Referenzsystem, das sowohl lokal als auch global orientiert ist. Aus Sicht der Cultural Studies fließen die einzelnen lokalen und globalen Bereiche ineinander über und beeinflussen sich wechselseitig. Unsere Lebenswelten und kulturellen Erfahrungen stehen in einer dialektischen Beziehung zu den globalisierenden

Strukturen und Kräften, von denen sie verändert werden und die sie wiederum verändern. Menschen müssen sich in der Reflexion und Deliberation ihrer eigenen kulturellen Voraussetzungen bewusst werden. Sie müssen die Konsequenzen ihrer Handlungen über das örtlich Begrenzte hinaus bedenken und gemeinsame globale Interessen erkennen. Hierzu schreibt McIntyre-Mills: »Only when people can be persuaded to see that they have interests in common with others can global citizenship be achieved.« (McIntyre-Mills 2000: 50)

Die im Kosmopolitismus verankerte dialogische Beziehung zum Anderen ist eine unerlässliche Komponente demokratischer Prozesse. Sie hebt die Gemeinsamkeiten und wechselseitigen Abhängigkeiten hervor. Und genau darin liegt das positive Potential dieses Ansatzes für demokratiepolitische Strategien im virtuellen Netz. Eine demokratische Netzöffentlichkeit basiert darauf, dass die einzelnen sich an diskursiven Auseinandersetzungen beteiligen, die Andersheit der Anderen akzeptieren, für universale moralische Gleichheit eintreten und versuchen, Koalitionen einzugehen, in denen lokale Angelegenheiten mit globalen Prozessen verbunden werden. In den virtuellen Öffentlichkeiten entfaltet sich ein kosmopolitischer Transnationalismus, der für soziale Gerechtigkeit und Menschenrechte eintritt (vgl. Kahn/Kellner 2003). Dabei artikulieren sich eine Vielfalt von demokratischen sozialen Bewegungen, Protestformen und Postsubkulturen, die für gesellschaftliche und kulturelle Transformationen kämpfen. Eine gemeinsame Konsensfindung wird manchmal schwierig, da verschiedene Bedeutungs- und Interpretationsrahmen mit den behandelten Problemen verbunden sind. So stellen Andretta et al. fest:

»Eine bloße Koordination ist nicht hinreichend [...] vielmehr ist es nötig, dass sich ein übergreifender Deutungsrahmen herausbildet, der die Integration der Gruppen erlaubt, die gemeinsamen Elemente der Gruppen hervorhebt und fördert, eventuelle Meinungsverschiedenheiten in den Hintergrund schiebt und unterschiedliche aber kompatible Forderungen miteinander verbindet.« (Andretta et al. 2003: 99)

Auf den Portalen subkultureller und alternativer Bewegungen, wie dem weiter unten analysierten *www.oneworld.net*, werden gemeinsame Deutungsrahmen zur Verfügung gestellt. Die einzelnen Organisationen, die sich auf diesem Metaportal vernetzen, bilden universale Strukturen aus, die allen gemeinsam sind, behalten jedoch gleichzeitig ihre eigene spezifische Identität.

Aus einer kosmopolitischen Perspektive heraus kann ein gemeinsamer globaler Wertekodex durch demokratische Konsensfindung erschaffen werden – eine kosmopolitische Bürgergesellschaft. Die Menschenrechte sind dafür ein Beispiel, wenn sie auch lokal verschieden umgesetzt werden. So können die digitalen Medien, durch die globale Vernetzung, zu einer verstärkten empathischen Haltung gegenüber anderen kulturellen Praxen beitragen. Entscheidend ist die Art und Weise wie die digitalen Medien genutzt werden und welche Interessen hinter der jeweiligen Teilhabe stehen. Die Vertiefung kosmopolitischer Perspektiven im virtuellen Raum stellt diesbezüglich eine wichtige Aufgabe für die Zukunft dar.

## 5.6 Zusammenfassung

In den Diskussionen rund um die Auswirkungen der digitalen Medien auf demokratische Prozesse geht es vor allem um die Frage, ob die Nutzung des Internets die Partizipation an politischen Deliberations- und Entscheidungsprozessen steigert. Neuere Studien bestätigen diesen Zusammenhang. Oft nimmt aber nur eine kleine Anzahl von Nutzern regelmäßig an virtuellen politischen Foren teil, während die Mehrheit situations- und problemspezifisch aktiv wird. Entscheidend ist der Bezug zu lebensweltlichen Zusammenhängen und Problemlagen, um so auch jene zu mobilisieren, die sich bisher nicht aktiv beteiligt haben. In der Folge können die neuen Medien die Partizipation dann vereinfachen und zur Bildung transnationaler Öffentlichkeiten beitragen. Die Kommunikation kann auch ausgewogener werden, da sich die Peripherie mehr beteiligt.

Die Netzöffentlichkeit stellt einen Zusammenschluss aus unterschiedlichsten Teilöffentlichkeiten dar, die sich situations- und themenspezifisch miteinander vernetzen. Diese aktualisieren sich vor allem vor dem Hintergrund politischer, wirtschaftlicher und kultureller Bedrohungen. Die transnationale Öffentlichkeit gewinnt an Gestalt, insbesondere durch die (permanente) Arbeit von Aktivisten, die unterschiedlichen digitalen Praktiken nachgehen und die Bürger durch ihren *Cyberaktivismus* mit Informationen zu globalen Problemlagen und Missständen versorgen. Diese können sich entweder aktiv an der Konstruktion der politischen Netzöffentlichkeit beteiligen oder zumindest die politischen Angebote rezipieren. Gegenöffentlichkeiten formieren sich als Antwort auf die Exklusion ihrer Positionen und Sichtweisen aus dominant-hegemonialen Diskursen. In der politischen Netzöffentlichkeit kommt es zu diskursiven Auseinandersetzungen und (Neu-) Rahmungen.

Aus einer kosmopolitischen Perspektive betrachtet, verorten wir uns in einem doppelten Referenzsystem: den lokalen kontextuellen Gegebenheiten und den globalen, virtuellen Erfahrungen. Das Internet birgt das Potential zu einer positiven Nutzung dieser Differenzen in sich, jedoch kommt es darauf an, wie wir als Nutzer damit umgehen. Die kosmopolitische Orientierung erleichtert den Dialog und fördert demokratische Prozesse. Die Ausbildung eines widerständigen Kosmopolitismus ist eine wichtige Voraussetzung für eine globale Demokratie.

# 6   Transnationaler Aktivismus
## zivilgesellschaftlicher Bewegungen

## 6.1   DIE ENTWICKLUNG ZIVILGESELLSCHAFTLICHER VIRTUELLER (NETZ-)ÖFFENTLICHKEITEN

Bereits in den 80er Jahren begannen im Internet nichtkommerzielle Netzwerkorganisationen zu entstehen, die sich der Aufgabe stellten, durch den taktischen Einsatz von Informations- und Kommunikationstechnologien (ICTs) die Position der Zivilgesellschaft gegenüber den Regierungen und der Wirtschaft zu stärken. Dahinter stand das Bewusstsein eines immer stärker anwachsenden Legitimationsdefizits der massenmedial hergestellten Öffentlichkeit, in der für Themen wie soziale Gerechtigkeit und eine Demokratisierung der Lebensverhältnisse auf transnationaler Ebene der öffentliche Raum fehlt. In den letzten Jahrzehnten schließlich haben sich neben anderen Formen des Aktivismus im Internet[1] zahlreiche transnationale, zivilgesellschaftliche Organisationen und soziale Bewegungen mit ihren Portalen im virtuellen Raum etabliert. Sie versuchen eine transnationale (Netz-) Öffentlichkeit herzustellen und diese bei bestimmten Anlässen zu aktualisieren. Eine vernetzte Form der Organisation und der Intervention sind charakteristisch für die neuen sozialen Bewegungen. Ihr Ziel ist es, der Kommerzialisierung des Internets entgegenzuwirken und

---

1 | Eine sehr gute Darstellung und Diskussion des »web militant« bietet *Devenir Média* (Blondeau 2007). Dort findet sich auch eine Dokumentation der Nutzung von Video im Internet, seiner Archivierung und Verbreitung zu politischen Zwecken.

staatliche Regulierungen einzuschränken. Sie wollen die politische Partizipation stärken und für zivilgesellschaftliche Interessen mobilisieren. Dabei stellen sie alternative Informationen zur Verfügung, um virtuelle Kampagnen durchzuführen und über virtuelle Strukturen, realweltliche Proteste und andere Aktionen zu organisieren. Ihre Bedeutung steigt kontinuierlich an, wie das Weltsozialforum zeigt, das als Gegenveranstaltung zum *World Economic Forum* (WEF) eingerichtet wurde. So wird gefordert, die Demokratie neu zu erfinden und auch neu zu definieren, was eigentlich unter Fortschritt im 21. Jahrhundert zu verstehen sei (vgl. Starr 2005: 47-52).

Wie erwähnt, haben die digitalen Medien wesentlich zu diesem Aufschwung beigetragen. Freilich gibt es immer noch NGOs, die sich der innovativen Kraft neuer Technologien und des *World Wide Web* verschließen (Lovink 2008: 235). Die sich herausbildende globale Zivilgesellschaft ist als politische Größe jedoch heute mehr denn je ernst zu nehmen und in politische Entscheidungsprozesse einzubeziehen (vgl. Crane 2008). Eine wichtige Fragestellung ist, wie Akteure aus verschiedenen Ländern einen gemeinsamen Deutungsrahmen in Bezug auf Formen von Ungerechtigkeit entwickeln können, Aktivitäten über nationale Grenzen hinweg mobilisieren und eine kommunikative Macht entfalten können (vgl. Tarrow 2005: 228f.). Soziale Bewegungen, die auf Sexualität, Religion oder Ethnizität basieren, können dagegen von Anfang an leichter eine kollektive Identität entwickeln.

Wir werden im folgenden Abschnitt drei Netzwerkorganisationen, die eine transnationale Identität ausgebildet haben, genauer betrachten.[2] Ihr primäres Aufgabenfeld umfasst die nichtkommerzielle Berichterstattung über aktuelle soziale, politische, informationstechnologische, kulturelle oder auch umweltbezogene Themen. Das Potential von ICTs wird von jenen (zivilgesellschaftlichen) Organisationen effektiv genutzt, die virtuelle Informationsportale anbieten. Die meisten großen Internetportale wie *www.oneworld.net*, *www.apc.org* oder *www. foeeurope.org* bieten keine Foren an, sondern verstehen sich als Lieferanten zusätzlicher Informationen, die differenziert und perspektivenreich sein sollen. Trotzdem versuchen sie, als so genannte *online resource networks* die Funktion von Metaportalen zu übernehmen. So funktioniert das *OneWorld*-Netzwerk als Portal zu mehreren hunderten NGOs. Das Hauptanliegen der *OneWorld*-Akteure ist es, den NGOs bei ihren Internetauftritten zu helfen und alternative Informa-

---

2 | Die folgende Analyse basiert auf der von Sonja Kutschera-Groinig in Zusammenarbeit mit Christian Trapič durchgeführten Beschreibung der Internetportale (vgl. Winter/Groinig 2004: 76ff.).

tionen zu offerieren. Eine Hauptdomain enthält Verlinkungen zu den diversen Untergruppen, den *Subdomains*. Über deren Struktur wird eine transnationale Identität ausgedrückt, da man über so genannte *Hyperlinks* miteinander verknüpft ist.

## 6.2 Drei exemplarische zivilgesellschaftliche virtuelle Netzwerke

Die erste Organisation, die wir besprechen, *The Association for Progressive Communication* (APC) bemüht sich, Informations- und Kommunikationstechnologien für die Zivilgesellschaft nutzbar zu machen und ihr demokratisches Potential zu entfalten, indem sie Software, Trainingsprogramme und ihr virtuelles Portal als Plattform für Organisationen und Bewegungen zur Verfügung stellt. Ihr oberstes Ziel ist der Aufbau eines differenzierten zivilgesellschaftlichen Netzwerks. Damit verbunden ist die Herausbildung einer transnationalen Netzöffentlichkeit, welche durch ihre Größe Einfluss auf politische Entscheidungsfindungen gewinnen soll.

Die zweite Organisation *Friends of the Earth* widmet sich in erster Linie der Erhaltung und dem Schutz der natürlichen Ressourcen der Erde. Sie vernetzt die Aktivitäten von Umweltorganisationen in der ganzen Welt. Auf diese Weise wird sie der Wechselwirkung zwischen lokalen und globalen Umweltproblemen gerecht und erzeugt über die Verknüpfung von lokalen und globalen Kampagnen hinweg kosmopolitische Synergieeffekte.

Die dritte, etwas ausführlichere Darstellung beschäftigt sich mit dem *OneWorld*-Netzwerk, einem Metaportal, in dem Informationen bzw. Nachrichten aus allen Regionen der Welt zusammenfließen. Themen, Persongruppen und Regionen, die in den konventionellen Medien eine marginalisierte Rolle einnehmen, sollen ins Licht gerückt werden. Das *OneWorld*-Netzwerk zeichnet sich vor allem durch seine dichte Netzstruktur, basierend auf einer großen Anzahl an Partnerschaften, sowie durch sein ausgereiftes *Content Management System* und eine einheitliche Oberflächenstruktur aus. Die Nutzer können selbst aktiv durch das Verfassen eigener Artikel am Informationsfluss teilnehmen und dabei auf eine übersichtliche Struktur zurückgreifen. Ziel unserer Analyse dieser Netzwerkorganisation ist es, herauszuarbeiten, wie auch *OneWorld* durch seine Themenfokussierung und seine Organisationsstruktur die Förderung einer kosmopolitischen Perspektive bewirkt.

### 6.2.1 APC – The Association for Progressive Communications

*Abbildung 2*

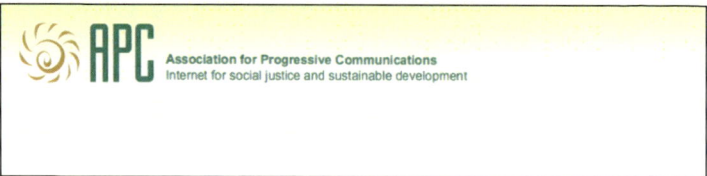

*Quelle: www.apc.org/english/index.shtml, 09.09.2009*

*The Association for Progressive Communications* (APC) wurde 1990 von verschiedenen NGOs und zivilgesellschaftlichen Netzwerken gegründet. 2007 standen seine 36 Netzwerke 50.000 Aktivisten, Non-Profit-Organisationen, Wohltätigkeitsorganisationen und NGOs in 133 Ländern zur Verfügung (vgl. Fenton 2008: 235). Bei ihrem Engagement für eine Verbesserung der sozialen Situation und die Einhaltung der Menschenrechte in Entwicklungsländern, setzt die APC vor allem auf den taktischen Einsatz von Informations- und Kommunikationstechnologien. Dabei tritt APC für einen kostengünstigen Zugang zu den neuen Medien und einen freien Austausch von Informationen und Meinungen ein. APC bietet auch unterschiedliche technische Services an, die auf die Bedürfnisse von zivilgesellschaftlichen Organisationen abgestimmt sind.

### Mission von APC

»The Association for Progressive Communications is a global network of non-governmental organisations whose mission is to empower and support organisations, social movements and individuals in and through the use of information and communication technologies to build strategic communities and initiatives for the purpose of making meaningful contributions to equitable human development, social justice, participatory political processes and environmental sustainability.« (www.apc.org/english/about/index.shtml, 05.03.2007)

APC lehnt das hierarchische Modell der traditionellen Politik ab und möchte die Partizipation aller Bürger fördern (Fenton/Downey 2003). Sie tritt für freie Meinungsäußerung im virtuellen Raum ein, da sich auch im Internet bereits ähnliche Konzentrationstendenzen, Besitz- und Kontrollverhältnisse abzeichnen, wie sie in den dominanten bzw.

zentralen Medien vorherrschen. Dies wird deutlich durch die zunehmenden Zensurinstanzen, die freie Meinungsäußerungen beschränken, durch die Implementierung von Filtern und Intranets über die
Nationalstaaten und Firmen den öffentlichen Raum für ihre Zwecke
kontrollieren wollen und nutzen. Außerdem sind große Teile der Erd-
bevölkerung noch immer von den neuen Informations- und Kommunikationstechnologien exkludiert. APC hat es sich zur Kernaufgabe
gemacht, diesen Tendenzen entgegenzuwirken. Verwirklicht werden
soll dieses Vorhaben durch das Sammeln und Verbreiten von Informationen über die Rechte der Bürger, durch den Aufbau eines globalen
zivilgesellschaftlichen Netzwerks und die Bereitstellung von Ressourcen im Internet, welche demokratische Organisationen dabei unterstützen, ein virtuelles Netzwerk aufzubauen und eine transnationale
Öffentlichkeit herzustellen. Für die Verwirklichung dieser Aufgaben
muss oft erst die Aufmerksamkeit der Zivilgesellschaft auf informa-
tions- und kommunikationspolitische Themen gelenkt werden. Dies
geschieht durch Kampagnen, Trainingsprogramme und durch die
Bereitstellung von effektiven und verständlich gestalteten Materialien
oder Informationen, die es den Nutzern ermöglichen, ihre Rechte im
Internet zu verstehen und geltend zu machen. APC versucht, der Zivilgesellschaft und vor allem den Entwicklungsländern bei der Gestaltung und der Verwaltung des Internets ein Mitspracherecht einzuräu-
men.

**Der APC-Service**

Die einzelnen *Subdomains* bieten auf ihren Seiten eine breite Palette
an Serviceleistungen an. Dazu gehören E-Mail-Postfächer, Webspace,
Webseitenentwicklung und Webseitenbetreuung, Datenbanken oder
Mailinglisten. Außerdem können Einzelpersonen oder Unternehmen *Online*schulungen, Trainingsprogramme und Workshops in Anspruch nehmen. All diese Serviceleistungen werden im Vergleich zu
kommerziellen Angeboten günstiger angeboten. Zusätzlich gibt es
viele kostenlose Ressourcen. Damit unterstützt APC auch den Bereich
der *Open Source-Software*-Entwicklung und kann auf diese Weise den
zivilgesellschaftlichen Organisationen Produkte zur Verfügung stellen, die noch dazu auf ihre jeweiligen Bedürfnisse zugeschnitten sind.
　　Als sehr umfangreich, aber dennoch gut strukturiert, erweist sich
das Trainingsmaterial, das auf der Homepage angeboten wird. Es finden sich Unterlagen und Programme für Lernende als auch für Leh-
rende. Die Themen umfassen unter anderem: Computer-Basiswissen,
Aufbau von *Online-Communities*, *Computer Networking*, Datenbanken,

*Online*-Sicherheit, Informationssuche im Internet, Webdesign, Internet-Video und -Radio, Webprogrammierung oder Internet- und E-Mail-Basics. Alle diese Trainingseinheiten sind speziell auf den Einsatz in zivilgesellschaftlichen Organisationen abgestimmt. Es wird in erster Linie Software verwendet, die aus der *Open Source*-Entwicklungsgemeinde stammt – d.h. *Linux* statt *Windows* oder *OpenOffice* statt *Microsoft Office*. Darüber hinaus werden die Aufgabenstellungen an die Praxis von NGOs angelehnt.

Zusätzlich wurde von APC und fünf weiteren Organisationen wie z.B. *OneWorld* der Internet- und Computertrainingskanal *I train Online* (*www.itrainonline.org*) eingerichtet. Die Trainingsinhalte und anderen Angebote des Portals sind überwiegend in englischer Sprache verfügbar, manchmal finden sich auch Texte in anderen Sprachen wie Spanisch, Französisch, Albanisch, Bosnisch, Tschechisch, Portugiesisch oder Serbokroatisch. Eine deutschsprachige Fassung liegt bisher nicht vor.

### Das APC-Netzwerk

Das Netzwerk wurde 1990 gegründet und vereinte im Jahr 2007 51 formelle Mitgliedsorganisationen, die weltweit auf 34 Länder[3] verteilt sind (vgl. www.apc.org/english/about/members/dir_text.shtml, 05.03.2007). Im Vergleich zu anderen Organisationen ist APC in nicht so vielen Ländern vertreten. Es werden jedoch zumindest alle Kontinente auf der Homepage repräsentiert.

---

3 | So gab es 2007 Mitgliedsorganisationen in: Ägypten, Argentinien, Australien, Bangladesch, Brasilien, Bulgarien, Deutschland, Dominikanische Republik, Ecuador, Großbritannien, Italien, Japan, Kambodscha, Kanada, Kenia, Kolumbien, Kroatien, Mexiko, Nigeria, Peru, Philippinen, Rumänien, Senegal, Slowakei, Spanien, Süd-Korea, Süd-Afrika, Tschechien, Uganda, Ukraine, Ungarn, Uruguay, USA, Venezuela.

**Verteilung der Mitgliedsorganisationen auf die Kontinente**

*Abbildung 3*

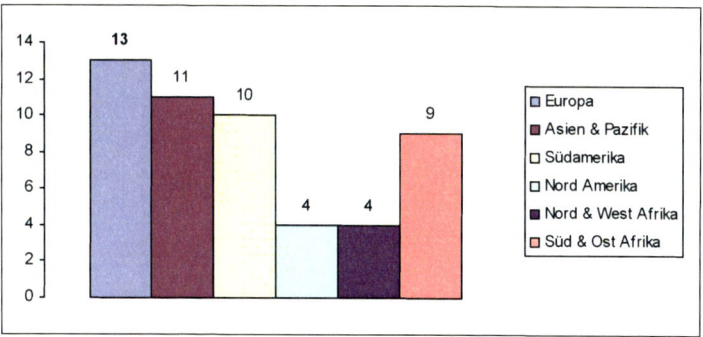

| Europa | 13 | Nordamerika | 4 |
| --- | --- | --- | --- |
| Asien & Pazifik | 11 | Nord- & Westafrika | 4 |
| Süd- & Mittelamerika | 10 | Süd- & Ostafrika | 9 |

APC wird von seinen Mitgliedsorganisationen verwaltet und finanziert. Es gibt zwei lokale Büros (in Südafrika und den USA), dennoch arbeitet die Organisation mittels des Internets auf einer völlig dezentralisierten und virtuellen Basis. Die acht Mitglieder der Geschäftsführung von APC sind auf ebenso viele Länder verteilt (Südafrika, Mexiko, Kroatien, USA, Rumänien, Argentinien, Kambodscha, Italien). Ihre Arbeit sowie die Kommunikation unter ihnen erfolgt zum überwiegenden Teil über das Internet, d.h. durch E-Mail und Videokonferenzen. APC kann deshalb als ein Beispiel für ein virtuelles Netzwerk gesehen werden. Zu den Mitgliedsorganisationen von APC gehören zum Beispiel *Com Link* aus Deutschland (*www.comlink.org*), *Unimondo* (das *OneWorld Centre* aus Italien) (*www.unimondo.org*), *GreenNet* aus Großbritannien (*www.gn.apc.org*) oder das *LaborNet* aus den USA (*www.labornet.org*).

Wie bereits erwähnt, wird APC durch seine Mitgliedsorganisationen finanziert. Weitere finanzielle Unterstützung findet die transnationale Organisation durch die Partnerschaften mit Einrichtungen, die zwar mit ihr zusammenarbeiten, jedoch nicht in ihr Netzwerk eingegliedert sind:

- *Canadian International Development Agency* (CIDA)
- *Commonwealth Telecommunications Organisation* (CTO)
- *Evangelischer Entwicklungsdienst e.v.* (EED)
- *Ford Foundation*
- *Friedrich Ebert Stiftung* (FES)
- *Deutsche Gesellschaft für technische Zusammenarbeit* (GTZ)
- *Humanist Institute for Development Cooperation* (HIVOS)
- *Institute of Connectivity in the Americas* (ICA)
- *International Development Research Centre* (IDRC)
- *Open Society Institute Southern Africa* (OSISA)
- *Open Society Institute* (OSI)
- *Rockefeller Foundation*
- *Swiss Agency for Development and Cooperation* (SDC)
- *UK Department for International Development* (DFID)
- UNESCO

(vgl. www.apc.org/english/about/supporters/2003.shtml, 05.03.2007)

Der Mitgliedsbeitrag, der von den Organisationen zu entrichten ist, wird an deren jährlichen Einkommen gemessen (mindestens 300 bis maximal 5.000 US-Dollar). Organisationen, die bei APC Mitglied werden möchten, müssen ihre Mission teilen und ihre Tätigkeiten danach ausrichten. Hierzu gehört die Zusammenarbeit mit anderen zivilgesellschaftlichen Organisationen oder sozialen Bewegungen. Zudem müssen die anderen bereits involvierten Organisationen der Aufnahme zustimmen.

### Die APC-Homepage

Die APC-Homepage (*www.apc.org*) ermöglicht den Zugriff auf ein reichhaltiges Angebot an Informationen zu Themen, die NGOs und Informations- und Kommunikationstechnologien betreffen. Die übersichtlich organisierte Seite ist in vier Sektoren gegliedert: *News, ICT Policy & Internet Rights, Capacity Building* und *About APC*. Zusätzlich wurde auch eine Suchfunktion eingerichtet.

#### »News«

Die News-Seite von APC ist unterteilt in *Latest News and Archives*, Presseartikel und Hintergrundberichte. Unter den *Latest News* erscheinen die letzten veröffentlichten Artikel von APC oder ihren Mitgliedsorganisationen. Hier werden Neuigkeiten zu den Mitgliedsorganisationen, Berichte zu Kampagnen, Konferenzen oder Foren veröffentlicht, an welchen APC mitgewirkt hat (z.B. *Betinho Prize*) oder immer noch be-

teilig ist (*World Social Forum*). Hier kann man gut gezielt nach Themenbereichen wie zum Beispiel *Democracy & ICTs, Arts & ICTs, Free
Software* oder *Internet Governance* suchen. Unter *Press* findet man Pres-
severöffentlichungen der APC und man kann sich für die spanische
oder englische Newslist registrieren. Unter *Backgrounders* findet man
Informationsmaterial über die Arbeit der APC (hauptsächlich in Spanisch und Englisch, teilweise aber auch auf Französisch).

### »ICT Policy« und »Internet Rights«

Hier findet sich sowohl eine ausführliche Erläuterung der ICT Policies
und »why should we care about them« (http://rights.apc.org/what_is_
policy.shtml, 05.03.2007) als auch die *APC Internet Charter* für soziale Gerechtigkeit und nachhaltige Entwicklung (vgl. http://rights.apc.
org/charter.shtml, 05.03.2007). Des Weiteren ist eine Verlinkung zu
den lokalen *ICT Policy Monitors*, wie zu Afrika, Lateinamerika und
Karibik, Gender und zu weiteren nationalen ICT Policy-Webseiten,
gegeben. Ein wichtiger Teil dieses Bereichs ist das von APC entwi-
ckelte *Rapid Response Network* (http://rights.apc.org/action/rrn.shtml).
Durch dieses Netzwerk erhalten die Nutzer aktuelle Informationen
über Webseiten, die durch Zensurmaßnahmen gefährdet oder blo-
ckiert werden. So können intervenierende Maßnahmen zu aktuellen
Ereignissen schnell geplant und umgesetzt werden. Wenig ausgebaut
scheint die Berichterstattung über aktuelle Gerichtsverfahren, die sich
mit dem Thema Internetrechte beschäftigen. Die *Electronic Frontier
Foundation* (*www.eff.org*) liefert hierzu hingegen seit langem Informationen.

### »Capacity Building« und »Advocacy«

Unter diesem Link findet man Verlinkungen zu Publikationen der
APC – hauptsächlich die Jahresberichte, Diskussionspapiere (›issue
papers‹), sortiert nach Themen wie *Access, Financing* und *Governance*,
Ressourcen wie das *Beginner's Handbook* zu ICT Policy, verschiedene
ICT Policy-Newsletter und Trainingsmaterial. Das umfangreiche Trainingsmaterial zu Themen wie *campaign vision, internet basics, social
exclusion* und *privatization, liberalization and competition in telecommunications* ist in der Regel in Englisch, Spanisch und Französisch
erhältlich.

## About APC

Hier wird die Geschichte und Arbeitsweise von APC geschildert. Die Mitgliederorganisationen werden vorgestellt, und die Aufnahmebedingungen für neue Interessenten werden dargelegt. Verlinkungen zu weiteren Projekten und Programmen von APC (*APC-ActionApps, Betinho Price, Hafkin Price, APC Women*) werden ebenfalls angeboten. Mit dem Content-Management-System *APC-ActionApps* hat die APC ein *Software-Plugin* entwickelt, das NGOs nutzen können, um ohne großen Zeitaufwand und technische Voraussetzungen ihre Webseiten zu betreuen, Inhalte zu publizieren und zu managen. Dadurch wird NGOs das professionelle Betreiben von Webseiten ohne Abhängigkeit von teurer technischer Hilfe ermöglicht. *APC-ActionApps* unterstützt vor allem auch die Zusammenarbeit verschiedener NGOs, indem es den Nutzern erlaubt, die von ihnen produzierten Inhalte mit anderen Webseiten, die mit diesem Tool erstellt wurden, auszutauschen und auf diese Weise ein größeres Publikum zu erreichen. Durch diese Verlinkungen sind die Voraussetzungen für die Bildung einer transnationalen Identität, die alle NGOs umfasst, die über *APC-ActionApps* erstellt wurden, gegeben. Basale Elemente sind allen gemeinsam, auch wenn die einzelnen NGOs ihre spezifischen Schwerpunkte weiterhin behalten. Durch die Herausbildung einer transnationalen Identität und Öffentlichkeit, wachsen Aktions- und Einflussmöglichkeiten gegenüber den Konzernen und den staatlichen Akteuren.

APC hat sich auch bei Stiftungen und UN-Sektionen als Projektträgerin für internationale Entwicklungsprojekte im IT-Bereich etabliert. Die APC bietet sich hier als gutes Beispiel für eine funktionierende, fast ausschließlich über das Internet arbeitende und agierende Organisation an. Durch ihr Engagement für die Rechte der Bürger im Internet und die Bereitstellung von Ressourcen zur Verbesserung der individuellen Medienkompetenzen, unterstützt APC die Zivilgesellschaft bei ihrem Kampf gegen die fortschreitende Kommerzialisierung und staatliche Regulierung des Internets. Durch die Zusammenarbeit mit UN-Sektionen wachsen die Einflussmöglichkeiten auf politische Entscheidungsprozesse. Im virtuellen Netzwerk, in dem unterschiedlichste Akteure miteinander verbunden sind und sich in ihrer Arbeit wechselseitig unterstützen können, bilden sich kosmopolitische Perspektiven heraus. Dieses Potential trägt zu einer effizienteren Arbeits- und Wirkungsweise der einzelnen involvierten NGOs bei.

### 6.2.2 Friends of the Earth International

Abbildung 4

Quelle: www.foei.org, 09.09.2009

*Friends of the Earth International* (FoEI) ist das weltweit größte dezentral strukturierte Netzwerk von Umweltorganisationen, das sich nicht als NGO, sondern als eine soziale Bewegung begreift. Seine Partnerorganisationen aus 70 Ländern organisieren Kampagnen zu den dringlichsten umweltbezogenen und sozialen Themen unserer Zeit. Mehr als bei Greenpeace wird die neoliberale Wirtschaftsordnung heftig kritisiert, und eine Verpflichtung zur Gerechtigkeit in Umweltfragen ist ein zentrales Prinzip (vgl. Doherty 2006). Dieser Deutungsrahmen hat sich in den letzten zehn Jahren im Kontext der *global justice*-Bewegung entwickelt: »*FoEI* challenges the current export-oriented neoliberal economic development model as it is fundamentally flawed. It is based on a set of assumptions which do not reflect the reality of most people, do not incorporate requirements for environmental sustainability or social justice.« (FoEI-Dokument des Sekretariats von 2003, zitiert nach Doherty 2006: 866)

Demokratisch organisiert, setzt sich *Friends of the Earth International* aus autonomen nationalen Gruppen zusammen, deren Tätigkeit durch die vom Gesamtverband festgelegten Richtlinien bestimmt wird. Alle diese Gruppen sind auf lokaler, nationaler und internationaler Ebene tätig und vereinen ihre Kräfte in internationalen Kampagnen. Dabei zeigt sich, dass mit der zunehmenden Ausdehnung des Netzwerks den Interessen der südlichen Mitglieder größere Aufmerksamkeit geschenkt wird (vgl. Doherty 2006: 862).

*Friends of the Earth International* (FoEI) beschäftigt sich mit ökologischen, kulturellen und ethnischen Fragestellungen. Das Netzwerk arbeitet aktiv an der Verbesserung und Ausweitung von (virtuellen) Partizipationsmöglichkeiten. Somit kann auf demokratische politische Entscheidungsprozesse eingewirkt werden – vor allem, wenn Bestimmungen zu Umweltschutz und Ressourcenmanagement Themen sind.

Die FoEI war eine der ersten Organisationen, die sowohl ökologische als auch soziale Fragen in den Vordergrund rückte. Die Verknüpfung von mehreren Themenbereichen ermöglicht die Eingliederung in ein größeres Netzwerk und festigt so die eigene Position von FoEI. Über diese facettenreiche Identität entstehen neue, gesteigerte Verlinkungsmöglichkeiten mit anderen zivilgesellschaftlichen Portalen – die Konturen einer transnationalen Öffentlichkeit werden sichtbar.

### Geschichte, Struktur und Themen

*Friends of the Earth International* wurde bereits 1971 in San Francisco gegründet. Damals bestand die Vereinigung gerade erst aus vier Organisationen, die in Frankreich, Schweden, Großbritannien und den USA aktiv waren. Sie wurde mit dem Ziel konstituiert, Kampagnen zu transnationalen Themen wie Nuklearenergie oder Walfang zu initiieren. 1983 hatte die Organisation bereits 23 Mitglieder. *Friends of the Earth Europe* wurde 1985 ins Leben gerufen und hat seinen Hauptsitz in Brüssel. Die Arbeit wird heute durch einen gewählten Vorstand von einem Büro in Amsterdam aus koordiniert. 1986 fand das erste Jahrestreffen in Malaysia statt.

Heute vereint FoEI insgesamt 70 nationale Organisationen, mehr als 5.000 lokale Gruppen und zählt ca. 1,5 Millionen Mitglieder. Von den Mitgliedsorganisationen wird nicht eine besondere formale Struktur erwartet. Viele bestanden auch schon vor ihrem Zusammenschluss mit FoEI. Ihnen ist vor allem der enge Kontakt mit der lokalen Bevölkerung wichtig und damit die Anbindung an den jeweiligen lebensweltlichen Kontext. Die Gruppen unterstützen Graswurzelkampagnen. Aufgrund der ungleichen Bedingungen in den einzelnen Ländern und Regionen haben diese Organisationen oft auch verschiedene Schwerpunkte, wodurch eine Vielfalt an Themen auf dem virtuellen Portal zusammenkommt. Die Gruppen aus dem Süden beschäftigen sich überwiegend mit der Stärkung der indigenen Bevölkerung und rücken dabei Themen wie Mitsprache bei Projekten der Energie- und Rohstoffgewinnung, Land- und Forstwirtschaft sowie Handwerk in Dorfgemeinschaften in den Vordergrund. Die Organisationen aus dem Norden setzen sich beispielsweise zusätzlich mit Themen wie Biodiversität, Gentechnologie, Energie, Klima, Verkehr und Wirtschaft auseinander.

Die starke Betonung der demokratischen Struktur von FoEI sichert allen Gruppen das gleiche Mitspracherecht. So verfügen die afrikanischen Gruppen, die sich oft nur aus wenigen Mitgliedern zusammensetzen, in Abstimmungen über die gleichen Rechte wie die europäischen, deren Mitgliederzahlen über die Hunderttausend hinausreichen. Zu den europäischen Vertretern von FoEI gehören unter anderen in Deutschland der BUND (*www.bund.net*), in Österreich GLOBAL 2000 (*www.global2000.at*) oder in der Schweiz pro natura (*www.pronatura.ch*).

Um Mitglied in dem Netzwerk werden zu können, muss eine Gruppe bereits vorher erfolgreich Kampagnen durchgeführt haben. Alle nationalen Gruppen sollen die allgemeine Mission und die Werte von FoEI vertreten. Doherty stellt fest: »[...] a principal role of FoEI is to develop a common cross-national solidarity and common analysis of the structural causes of environmental destruction and possible solutions.« (Doherty 2006: 866)

### Länder mit FoEI Vertretungen

| | | | | |
|---|---|---|---|---|
| Argentinien | Finnland | Kroatien | Österreich | Südkorea |
| Australien | Frankreich | Lettland | Palästina | Swaziland |
| Bangladesch | Georgien | Litauen | P. Neuguinea | Togo |
| Belgien | Ghana | Luxemburg | Paraguay | Tschechien |
| Bolivien | Grenada | Malaysia | Peru | Tunesien |
| Brasilien | Guatemala | Mali | Philippinen | Ukraine |
| Bulgarien | Haiti | Malta | Polen | Ungarn |
| Chile | Honduras | Mauritius | Schottland | Uruguay |
| Costa Rica | Indonesien | Mazedonien | Schweden | USA |
| Curaçao | Irland | Nepal | Schweiz | Zypern |
| Dänemark | Italien | Neuseeland | Sierra Leone | |
| Deutschland | Japan | Nicaragua | Slowakei | |
| El Salvador | Kamerun | Niederlande | Spanien | |
| England/Wales/Nordirland | Kanada | Nigeria | Sri Lanka | |
| Estland | Kolumbien | Norwegen | Südafrika | |

**Verteilung der FoEI-Organisationen auf Kontinente**

*Abbildung 5*

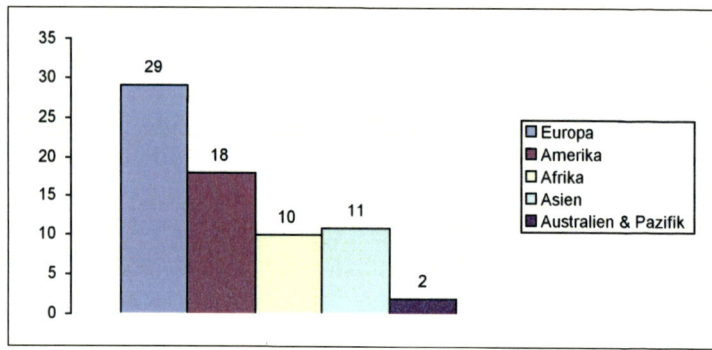

| Europa | 29 | Asien | 11 |
| Amerika | 18 | Australien & Pazifik | 2 |
| Afrika | 10 | | |

Aus den beiden oberen Tabellen wird ersichtlich, dass FoEI zwar bereits in sehr vielen Ländern (70) Partnerschaften aufgebaut hat, dass aber von einer globalen – d.h. die ganze Welt umspannenden – gleichmäßigen Verteilung noch nicht gesprochen werden kann. Ca. 41 Prozent der Organisationen sind aus Europa. Aus Amerika (Nord-, Mittel- und Südamerika) kommen 18 Organisationen, was ca. 25 Prozent entspricht. Afrika und Asien erscheinen mit ca. 14 bzw. ca. 16 Prozent der Organisationen in dieser Darstellung doch stark unterrepräsentiert. Betrachtet man die Länder, in welchen FoEI bereits vertreten ist, so fällt auf, dass Länder mit hohen Bevölkerungszahlen wie Russland, China oder Indien nicht unter den Partnerländern zu finden sind.

**Kampagnen**

FoEI hat in den letzten 30 Jahren eine Vielzahl an Umweltkampagnen und Protestveranstaltungen organisiert. Hier sollen kurz vier Kampagnen vorgestellt werden, die als die derzeit vorrangig zu bearbeitenden Probleme festgelegt wurden.

## Klimawandel

FoEI unterstützt internationale Aktionen, die Konzerne und Regierungen davon abhalten, ihre Klima zerstörenden Aktivitäten fortzusetzen, und setzt sich für alternative Energiequellen ein. Der Deutungsrahmen *climate justice* erlaubt es verschiedenen FoEI-Organisationen zusammenzuarbeiten und Kampagnen gegen die Öl-, Gas- und Kohleindustrie durchzuführen (vgl. Doherty 2006: 873). So erschien z.b. im Januar 2004 eine von FoEI beauftragte Studie über den Öl-Giganten *ExxonMobil*, aus der hervorgeht, wie groß dessen Anteil am Klimawandel, an der Erderwärmung durch Kohlendioxid- und Methan-Emissionen seit 1882 ist (vgl. www.foei.org/media/2004/0129.html, 05.03.2007). Durch die Publikation solcher Informationen erhoffen sich die Aktivisten die Herausbildung einer effektiv wirksamen transnationalen Öffentlichkeit, die in aufgeklärter und kritischer Weise für das Allgemeinwohl eintritt.

## Genetisch veränderte Organismen (GVOs)

Durch das von FoEI initiierte GVO-Programm sollen die Folgen der Gentechnik auf die Gesellschaft und insbesondere auf die Agrarwirtschaft beobachtet werden und das Eindringen von genetisch veränderten Organismen in Umwelt und Nahrungsketten verhindert werden. Der deutsche FoEI Vertreter, der BUND, hat dazu Ende 2003 das Projekt »Gentechnikfreie Regionen« gestartet, das Bauern dazu anregen soll, sich mit ihren Nachbarn zu gentechnikfreien Regionen zusammenzuschließen. Inzwischen sind schon 71 gentechnikfreie Zonen (ca. 601.000 Hektar) in Zusammenarbeit mit über 16.000 Bauern geschaffen worden (vgl. www.gentechnikfreie-regionen.de/, 05.03.2007). Durch die Darstellung dieses Projekts auf dem virtuellen Portal sollen andere Organisationen und Länder zur Nachahmung und Mitarbeit motiviert werden.

## Internationale Geldinstitute

FoEI kämpft für eine Veränderung der Aktionsweisen von internationalen Geldinstituten wie dem Internationalen Währungsfond, der Weltbank oder der Europäischen Investitionsbank. Im Mittelpunkt der Kritik steht die Finanzierung von sozial- und umweltgefährdenden Projekten. Ziel der FoEI ist die Verbesserung zivilgesellschaftlicher Einflussmöglichkeiten auf die Operationen der internationalen Geldinstitute. FoEI will die Zusammenarbeit und die Kommunikationsströme zwischen den großen drei Metaspielern im virtuellen sowie im realen globalen Netzwerk verbessern. Eine transnationale Öffentlichkeit soll Einfluss auf Staat und Markt ausüben bzw. diesen ausbauen (vgl. www.foei.org/ifi/, 05.03.2007).

*Konzerne*

Die FoEI-Kampagne »Konzerne« unterstützt lokale Initiativen gegen Projekte von Konzernen in den Bereichen Klima, Wasser, Nahrung, Wald und Bergbau. So kann man sich aktuell den Shell-Report »Use your profit to clean up your mess«, der anhand von neun Fällen weltweit die umweltverschmutzenden und auch sozial problematischen Aktivitäten des niederländischen Weltkonzerns aufzeigt, herunterladen (vgl. www.foei.org/publications/pdfs/mdshellh.pdf, 05.03.2007). Durch die Kampagne versucht FoEI sicherzustellen, dass lokale, nationale und regionale Kampagnen auch auf internationaler Ebene politische Wirksamkeit erreichen. Durch die virtuelle Vernetzung von lokalen und transnationalen Kampagnen werden kosmopolitische Synergieeffekte erzeugt. Am Weltgipfel in Johannesburg 2002 (*www.rioplus-10.org*) verwies FoEI vor allem auf die unternehmerische Verantwortlichkeit, die die Konzerne gegenüber der Gesellschaft durch ihre sozial- und umweltschädlichen Aktivitäten verletzen und missachten.

**Die FoEI Homepage – www.foei.org**

*Abbildung 6*

*Quelle: www.foei.org/, 05.03.2007*

Die FoEI Homepage (*www.foei.org*) ist das Metaportal des Netzwerks. Über diese Seite gelangt man zu sämtlichen FoEI-Organisationen oder erhält Kurzinformationen über die Mitglieder und ihre Aktivitäten. Ein eigener Bereich der Webseite dient zur Darstellung der aktuellen Kampagnen von FoEI-Gruppen aus den verschiedenen Problemzusammenhängen und liefert dazu ausführliche Hintergrundinformationen. Im Publikationsbereich werden alle publizierten Bücher und Dokumente in digitalisierter Form zum Download angeboten. Der Sektor *cyberaction* fordert zur Unterstützung von Kampagnen durch gezielte E-Mail-Aktionen auf. FoEI schafft es demnach, über das eigene Internetportal sowohl Kampagnen in der realen Welt zu planen und zu organisieren als auch rein virtuelle Aktionen zu starten. Dies erscheint uns als ein sehr wesentliches Moment. Der Aktionsraum wird ausgeweitet und die Organisationen schaffen es so, eine größere Anzahl an (potentiellen) Unterstützern zu mobilisieren. Außerdem bietet das FoEI-Medienzentrum Zugriff auf ein Archiv mit Presseartikeln von und zu FoEI. Während in einem ersten Schritt versucht wird, durch Distribution von Informationen eine transnationale virtuelle Öffentlichkeit herzustellen, wird diese in einem zweiten Schritt für eigene Kampagnen genutzt und mobilisiert.

Die offiziellen Sprachen sind Englisch, Französisch und Spanisch. Es dominieren aber die englischsprachigen Dokumente, die in die anderen beiden Sprachen übersetzt werden sollen, was durch eine Arbeitsüberlastung der Übersetzer aber nicht immer erfolgt. Damit geraten die nicht englischsprachigen Organisationen aus dem Süden, die zudem oft nicht über stabile Internetverbindungen verfügen, ins Hintertreffen. Doherty stellt hierzu fest: »The internet clearly aids the speed and range of distribution of documents, and has many advantages for international networks but it is not necessarily an egalitarian method of communication.« (Doherty 2006: 870f.) Die Organisation ist auch ein sehr gutes Beispiel dafür, dass Face-to-Face-Treffen wichtig sind, um nach deutlich gewordenen Differenzen und der Artikulation von Dissens im E-Mail-Verkehr und in der Briefkorrespondenz wieder Vertrauen herzustellen (vgl. ebd.: 874). Zusammenfassend lässt sich festhalten, dass mit FoEI eine transnationale grüne Gegenöffentlichkeit entstanden ist.

### 6.2.3 »OneWorld«

»OneWorld is the world's favourite and fastest-growing civil society network online, supporting people's media to help build a more just global society.« (www.oneworld.net/article/archive/2333/, 05.03.2007)

### »OneWorld« als alternatives Informationsportal

*OneWorld* – bzw. *OneWorld Online*, wie es zuerst hieß – wurde 1995 unter der Aufsicht des britischen *OneWorld Broadcasting Trust* gegründet. Die Hilfsorganisation sollte globale Entwicklungsthemen in der medialen Berichterstattung fördern. Anders als durch konventionelle Medien kann ein globales Publikum über das Internet erreicht werden. Zudem sollen Themen aus den Bereichen Menschenrechte und nachhaltige Entwicklung, die in den traditionellen Massenmedien eher marginalisierte Subthemen sind, aufgegriffen und verbreitet werden. Informationen, die die Nutzer einbringen, sollen ebenfalls zirkuliert werden. Gegenwärtig setzt sich das *OneWorld*-Netzwerk aus zwölf voneinander unabhängigen *Centres* zusammen, wobei *OneWorld International Foundation* (OWIF *www.oneworld.net*) als zentraler Knoten des Netzwerks in London, vor allem für verwaltende und organisatorische Aufgaben zuständig ist. Die elf weiteren *OneWorld*-Zentren sind in den USA, Lateinamerika, Afrika, Südasien, Indonesien, Finnland, Italien, Spanien, den Niederlanden, Südosteuropa und Österreich.

*OneWorld* beruft sich auf das demokratisierende Potential des Internets, um für Werte – wie die Bewahrung von Menschenrechten, eine faire Teilung der natürlichen und ökonomischen Ressourcen der Erde, Meinungs- und Informationsfreiheit, universellen Zugang zu den neuen Informations- und Kommunikationstechnologien, Offenheit und Transparenz der politischen Entscheidungsprozesse sowie den Schutz sozialer, kultureller und sprachlicher Vielfalt – einzutreten: »*OneWorld* is dedicated to harnessing the democratic potential of the internet to promote human rights and sustainable development.« (www.oneworld.net/article/view/32211/, 05.03.2007) So verfolgt *OneWorld* in seiner Arbeit die Vision einer gerechten und nachhaltigen Verteilung der Reichtümer unter der gesamten Weltbevölkerung. Grundlage dafür sind die Menschenrechte und Regierungsstrukturen, welche die Selbstverwaltung lokaler Gemeinden erlauben und fördern. Zur Verwirklichung dieses Ziels, wurde – und wird immer noch – von *OneWorld* ein Netzwerk von Online-Partnerschaften aufgebaut, welches einen großen Spielraum für unterschiedliche Meinungen, Ansichten oder Nachrichten von unabhängigen Medienquellen eröffnet.

Im Mittelpunkt der Arbeit von *OneWorld* steht der Zugang zu wirkungsvoller Information für ein transnationales Publikum, das Verbinden interaktiver *Online*-Partnerschaften von Organisationen und Individuen zu einer globalen Gemeinschaft sowie die Überschreitung geographischer und sprachlicher Grenzen und die Einbindung der bisher Ausgeschlossenen in die (transnationale) Öffentlichkeit.

### Das »OneWorld«-Netzwerk

*OneWorld* ist ein transnationales Netzwerk, bestehend aus zwölf autonomen, miteinander kooperierenden Zentren. Jedes wird von nichtkommerziellen Organisationen des jeweiligen Landes verwaltet und handelt autonom. *OneWorld* vereint momentan über 1.500 Partnerschaften, die je nach Herkunft den einzelnen Zentren zugeordnet werden. Deren Aufgaben umfassen vor allem zwei Bereiche:

1. Partnerschaften: Die Partnerschaftsmanager der einzelnen Zentren verwalten die Partnerschaften ihres lokalen Bereiches. Außerdem besteht ihre Aufgabe in der Identifizierung von Gruppen (vor allem Graswurzelgruppierungen), die als *OneWorld*-Partner in Frage kommen.

2. Redaktionsarbeit: Jedes Zentrum hat einen eigenen Redakteur/ eine Redakteurin oder ein Redaktionsteam, welches die *OneWorld*-Webseiten betreut und Nachrichtenartikel in der lokalen Landessprache produziert.

Um ein Zentrum zu gründen, müssen die von *OneWorld International Foundation* vorgegeben Kriterien erfüllt werden:

- Ein *OneWorld*-Zentrum, seine Eigentümer und unterstützenden Gruppen sollten Teil der Zivilgesellschaft sein.
- Ein Zentrum sollte Ziele verfolgen, Aktivitäten nachgehen, sich mit Organisationen verbinden und Beschäftigungspraktiken betreiben, die im Einklang mit der Vision von *OneWorld* und seinen Werten stehen.
- Ein Zentrum sollte nicht nach eigennützigen Besitzverhältnissen streben.
- Ein Zentrum darf nicht religiös gebunden oder Mitglied einer kommerziellen oder politischen Organisation sein, durch die seine Unabhängigkeit eingeschränkt würde.
- Ein *OneWorld*-Zentrum darf gewalttätige Aktionen nicht unterstützen oder verteidigen.

**Die Organisation eines Zentrums**

»Centres are autonomous, non-profit organisations who share the values and vision of OneWorld and want to make use of its name, technology and worldwide audience to build on the potential of the net in their own area and languages.« (www.oneworld.net/article/view/32214/, 05.03.2007)

Die gegenwärtige Struktur des Netzwerks weist eine Konzentration in Europa auf. Sieben von zwölf Zentren befinden sich dort ebenso wie die *OneWorld International Foundation,* der die Gesamtkoordination obliegt. In Australien gibt es noch kein eigenes Zentrum. Partnerschaften aus diesem Kontinent werden mit bereits bestehenden Zentren verknüpft.

## Die weltweite Verteilung der »OneWorld«-Zentren

*Abbildung 7*

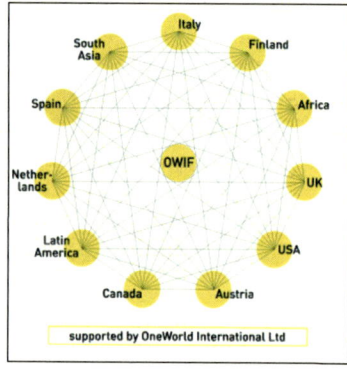

*Quelle: www.oneworld.net/article/*
*view/32214/, 08.09.2009[4]*

### Partnerschaften

Partner von *OneWorld* können Organisationen, Abteilungen und Projekte werden, deren Arbeit im Bereich der nachhaltigen Entwicklung
und der Menschenrechte liegt. Die Definitionen dieser beiden Begriffe
basieren auf den drei Schlüsseldokumenten *Universal Declaration of
Human Rights* (vgl. www.un.org/Overview/rights.html, 05.03.2007),
*Rio Declaration* (vgl. www.un.org/documents/ga/conf151/aconf15126-1
annex1.htm, 05.03.2007) und der *Child Rights Convention* (vgl. www.
unicef.org/crc/, 05.03.2007).

Zu den *OneWorld*-Partnern gehören Hilfs- und Menschenrechts-
organisationen, Graswurzelgemeinschaftsgruppierungen, Behörden
von Regierungen und den Vereinten Nationen, Universitätsinstitute,
Umweltschutzorganisationen, Handelsvereinigungen, Forschungs-
einrichtungen, Anwaltsgruppen und Frauenorganisationen. Form
und Größe der einzelnen Partner variieren stark.

---

4 | Diese Grafik der aktuellen Homepage bezieht sich auf die Mitglied-
schaften von 2007.

## »OneWorld«-Informationsangebot

Das *OneWorld*-Hauptportal *www.oneworld.net* ist das Herzstück des *OneWorld*-Netzwerks. Hier findet sich die größte Auswahl an Informationen aus allen *OneWorld*-Zentren. Von hier aus kann man auch durch das gesamte Netzwerk navigieren.

## »OneWorld«-Startseite

*Abbildung 8*

*Quelle: www.oneworld.net/, 08.09.2009*

## Homepage-Elemente

### »News«

Auf der *OneWorld*-Homepage erscheinen täglich aktuelle Nachrichtenartikel (*Today's top stories*) aus den einzelnen *OneWorld-Centres*. Neben den aktuellen Nachrichten von den *OneWorld-Centres* in den USA, Südasien, Afrika, Großbritannien und Südost-Europa werden hier auch *Guest Editorials* und *Grassroots News* sowie Informationen zu Kampagnen und Berichten zu verschiedenen Themenschwerpunkten (z.B.: *Spotlight on World Summit for the Information Society*) angeboten.

### »In-Depth«

Der *In-Depth*-Bereich dient zur gezielten Informationssuche. Hierfür steht eine eigene Suchmaschine zur Verfügung, mit deren Hilfe nach Artikeln zu spezifischen Themen oder mit bestimmten regionalen Bezügen gesucht werden kann. Zusätzlich bieten die *Topic Guides* und *Country Guides* Artikelsammlungen zu den thematischen und regionalen Schwerpunkten von *OneWorld* an.

*Abbildung 9 und 10*

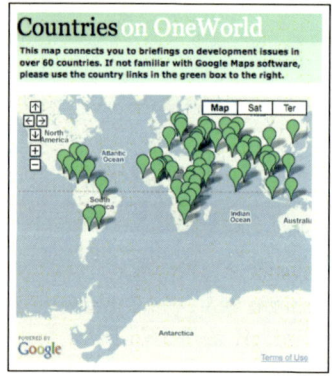 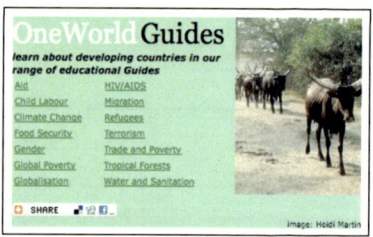

*Quelle: http://uk.oneworld.net/guides/topics, 08.09.2009*

### »Partner«

Der Partnerbereich der Homepage ermöglicht die Suche nach bestimmten Partnern von *OneWorld* und gibt Informationen über die Ziele und Voraussetzungen für eine Partnerschaft.

*»Get involved with...«*
In diesem Bereich erhalten die Nutzer Informationen, wie man sich an der Arbeit von *OneWorld* beteiligen kann (*Volunteering*). Außerdem besteht hier die Möglichkeit, Arbeitsplätze zu suchen oder anzubieten (siehe auch *OneWorld Userservices*).

*»Our network«*
Im letzten Menüpunkt finden sich schließlich die Artikel, die von jenen *OneWorld-Centres* stammen, die im eigentlichen Newsmenü nicht erscheinen. Hier finden sich auch die in der jeweiligen Landessprache verfassten Artikel. Zurzeit werden Artikel in elf verschiedenen Sprachen angeboten.

*»OneWorld Userservices«*
Die Registrierung bei *OneWorld* ist zwar nicht obligatorisch, um das Informationsangebot zu nutzen, sie ist aber die Voraussetzung, um den Service auf der Homepage in Anspruch nehmen zu können. Den registrierten Nutzern stehen dabei zwei Angebote zur Verfügung:

1. *Newsletter:* Informationen, die von *OneWorld*.net täglich angeboten werden, können auch über Newsletter bezogen werden. Es kommt zu keiner Vorauswahl. Die täglichen und wöchentlichen Newsletter enthalten das vollständige News-Angebot der Homepage.
2. *Job-Service: OneWorld* bietet auch die Möglichkeit, mit Hilfe einer Suchmaschine nach einer Beschäftigung im Bereich von Menschenrechten, Umweltschutz oder Entwicklungshilfe zu suchen. Man kann sich nach selbst gewählten Kriterien per E-Mail auf geeignete Angebote hinweisen lassen.

*»OneWorld Channels«*
Die Kanäle sind gemeinschaftliche Netzinitiativen verschiedener Organisationen mit dem Ziel, Informationen und Lehrmaterialen zu speziellen Themen- und Aufgabenstellungen aufzubereiten und anzubieten. Die Akteure der Zivilgesellschaft haben so Zugang zu diesen Materialien. Die fünf *OneWorld Channels* sind:

1  *AIDSchannel.org* (www.aidschannel.org/)
2  *Digital Opportunity* (www.digitalopportunity.org/)
3  *Open Knowledge Network* (www.openknowledge.net/)
4  *Itrainonline* (www.itrainonline.org/)
5  *Kids Channel* (www.oneworld.net/penguin/)

*Abbildung 11*

*www.oneworld.net/section/current, 09.09.2009*

Bereits im dritten Kapitel wurde der Channel *I trainOnline* kurz darge-
stellt. Besonders erwähnenswert ist außerdem der Kids Channel *Tiki
the Penguin.*

Entsprechend der Mission und den Zielen von *OneWorld* werden bei
einem Großteil der Artikel Themen wie Menschenrechte, Demokratie
– insbesondere zivilgesellschaftliche Perspektiven – und Entwicklungshilfe – bzw. nachhaltige Entwicklung – behandelt. Darüber hinaus
fokussiert sich die Aufmerksamkeit auf Themen oder Ereignisse, die
sich mit Kindern beschäftigen, vor allem mit Ausbeutung und Unter-
versorgung. Geringere Aufmerksamkeit wird in den Artikeln den Medien bzw. den neuen Informations- und Kommunikationstechnologien
geschenkt. Dieser Mangel wird aber durch die Themenspezifizierung
der *OneWorld Channels Digital Opportunity* und *mediachannel.org* kom-
pensiert.

*OneWorld* lässt sich als positiver Ausdruck einer sich entfaltenden
globalen Zivilgesellschaft sehen, da viele Artikel aus dem Süden kommen und dazu beitragen, dass sich die Menschen dieser Region an den
globalen Auseinandersetzungen beteiligen, ihre Empörung artikulieren
und ihre Interessen einbringen. Lokale und globale Zusammenhänge
werden miteinander verknüpft und eine kosmopolitische Orientierung
wird zu einer kosmopolitischen Struktur.

## 6.3 Die Homepage der Europäischen Union

Wir haben uns für diese Homepage entschieden, da die Konstrukteure des Webportals die Webseiten als eine transnationale Öffentlichkeitssphäre verstehen, in der die europäischen Bürger miteinander kommunizieren können und sich interaktiv an politischen Entscheidungsfindungen beteiligen sollen. *EUROPA* ist das Webportal der Europäischen Union. Über die Adresse (*http://ec.europa.eu/*) sind alle Informationen abrufbar, die unter anderen das Europäische Parlament, der Rat der Europäischen Union, die Europäische Kommission, der Gerichtshof, der Rechnungshof, der Wirtschafts- und Sozialausschuss, der Ausschuss der Regionen, die Europäische Zentralbank und die Europäische Investitionsbank über das Internet verbreiten.

### 6.3.1 Interaktivität des virtuellen europäischen Portals

Die Webseite *EUROPA* ist somit ein zentrales Zugangsportal für Informationen über die Organe der Europäischen Union und die Tätigkeiten, die diese ausüben. Doch darüber hinaus bietet diese Homepage wenige Beteiligungsmöglichkeiten. Die interaktive Komponente ist auf der Homepage selbst noch nicht weit entwickelt, soll aber ausgebaut werden. So muss man etwa, will man sich für ein Praktikum in einer europäischen Organisation bewerben, dies über den Postweg erledigen. Der Nutzer wird mehr oder weniger als passiver Rezipient verstanden, der die Informationen aufnehmen soll.

Unserer Auffassung nach müssen Bezugspunkte zum realen Alltagsleben der Nutzer und deren Problemlagen hergestellt werden. Auch sollen »Sender und Empfängerrollen« gegenseitig austauschbar und so in ihrer Funktion transzendiert werden können. Ebenso wäre ein verstärkter Einsatz von Kampagnen in den einzelnen europäischen Ländern sinnvoll. So gibt es wohl Links zu interaktiven Angeboten der Europäischen Kommission, doch diese lassen sich im riesigen Informationsangebot oft nur schwer finden. Während sich das Portal als transnationale Plattform präsentiert, werden die Besucher in ihrer eigenen Muttersprache angesprochen und damit auf ihre nationale Herkunft verwiesen. Der Bezug zu nationalstaatlichen Kontexten wird so betont. Es ist eine Gratwanderung, auf der die Verantwortlichen versuchen, die europäische Perspektive hervorzuheben, ohne die Einbindung nationaler Hintergründe zu vernachlässigen. Dieser Balanceakt zwischen transnationalen Zielen und Werthaltungen sowie lokalen, regionalen und nationalen Kulturen ist schwierig, was sich im virtuellen Raum widerspiegelt.

Im Rahmen der Weiterentwicklung von *EUROPA* soll auch die Suchmaschine verbessert werden. Außerdem wird vermehrt auf Interaktivität, z.b. Registrierungen, *Chats*, Foren, Umfragen, Diskussionsgruppen, und *Online*-Dienste gesetzt, weil hier ein Potential der Demokratisierung vermutet wird. Derzeit besitzt das Webportal erst wenige interaktive Angebote. Ein Beispiel für den Versuch, die Bürger Europas durch mehr Interaktivität mit Europa zu verbinden, war die Aktion *Dialog 2000*, ein Forum, in dem die Bürger zur Zukunft Europas und zur Erweiterung der Europäischen Union diskutieren konnten. *EUROPA DIREKT* (vgl. http://ec.europa.eu/europedirect/in dex_de.htm, 15.12.2008) beantwortet die Fragen von Bürgern aus allen EU-Ländern in allen Amtssprachen unter einer gebührenfreien Rufnummer oder per E-Mail. Alle Besucher des Webservers *EUROPA* können sich im direkten Austausch mit einer Person des Callcenters von *EUROPA DIREKT* beraten lassen. Angeboten wird praktische Hilfe unter anderem bei der Suche nach allgemeinen Informationen über die einzelnen Politikbereiche der EU sowie bei der Suche nach spezifischen EU-Dokumenten.

Wir finden vor allem folgende Dokumentarten auf der Webseite: Rechtsvorschriften der Gemeinschaft, Mitteilungen, Berichte, Grün- und Weißbücher. Dokumente für Kinder oder Jugendliche gibt es auf den Seiten nicht. Zudem setzen die meisten Dokumente ein grundlegendes rechtliches, politisches oder wirtschaftliches Fachwissen voraus und schränken somit den Kreis potentieller Nutzer bereits ein. Schauen wir uns die angebotenen Foren und *Chats* an, so stellen wir das Gleiche fest: Es werden vor allem Themen wie Handelsabkommen, Zollregelungen, neue Gesetze und dergleichen diskutiert.

Gegenwärtig dient die Homepage *EUROPA* nach wie vor der hauptsächlichen Internetpräsenz der EU. Das heißt, es werden in erster Linie Informationen wie z.B. EU-News oder EU-Dokumente zur Verfügung gestellt. Die wenigen interaktiven Angebote sind ohne wirtschaftliche, juristische oder andere Fachkenntnisse nur graduell als Kommunikationsangebot reizvoll. Bei den Internetauftritten der EU findet neben dem Informations- manchmal noch ein Meinungsaustausch statt, doch eine inhaltlich diskursive Qualität fehlt bei den meisten Angeboten. Aus unserer Sicht wäre es wichtig, vor allem auf die unterschiedlichen lebensweltlichen Ausgangslagen der Nutzer einzugehen. Eine Differenzierung des Inhalts und der Darstellungsweise würde die Herausbildung von homogenen Strukturen verhindern und die Diversität positiv nutzen. Im Folgenden wollen wir uns nun das Portal *Ihre Stimme für Europa/Your Voice in Europe* genauer ansehen, mit dem die EU versucht, die Interaktivität ihrer digitalen Angebote zu steigern.

### 6.3.2 Internet Portal »Your Voice in Europe«

Bei der Etablierung einer elektronischen Kommission (E-Kommission) setzt die EU vor allem auf eine Verstärkung der Interaktionsangebote ihrer Kommunikationsdienste im Internet. Eine besondere Bedeutung wird dabei der interaktiven Politikgestaltung beigemessen. Durch die Implementierung von internetgestützten Instrumenten soll den Bürgern und Unternehmen der EU die Beteiligung an aktuellen politischen Entscheidungsprozessen ermöglicht werden. Als Beispiel für eine bereits umgesetzte Initiative der interaktiven Politikgestaltung wollen wir kurz das im Jahr 2003 von der Europäischen Kommission eingerichtete Internet Portal *Your Voice in Europe* (vgl. http://europa.eu.int/yourvoice) beschreiben.

Allgemeines Ziel dieser Plattform ist es, neue und effektivere Formen des Regierens in Europa zu finden sowie die Rechtssetzung transparenter und effizienter zu gestalten. Deshalb wird eine große Datenbank erstellt. Bürger und Unternehmen können auf den virtuellen Seiten ihre Meinungen, Probleme oder Erfahrungen mit der europäischen Politik darstellen und die EU kann ihrerseits diese Datenbank nutzen, um die Wirksamkeit ihrer Politik zu überprüfen. Sie dient in der Folge als Grundlage für Verbesserungen der Arbeitsweise. So werden die Besucher auf der Homepage aufgefordert: »Wirken Sie mit an der Gestaltung europäischer Politik und beteiligen Sie sich an unseren Konsultationen. Uns interessiert Ihre Meinung und wir wollen aus Ihren Erfahrungen lernen.« (http://europa.eu.int/yourvoice/consultations/index_de.htm, 05.03.2007)

### 6.3.3 Struktur des Portals

Das Portal *Your Voice in Europe* gehört zur EU-Homepage *EUROPA* und ist über die Webseiten der Europäischen Kommission unter dem Menüpunkt *Zivilgesellschaft* abrufbar. Alle Einträge der Plattform werden in elf Sprachen angeboten.

**»Your Voice in Europe« – Oberfläche**

*Abbildung 12*

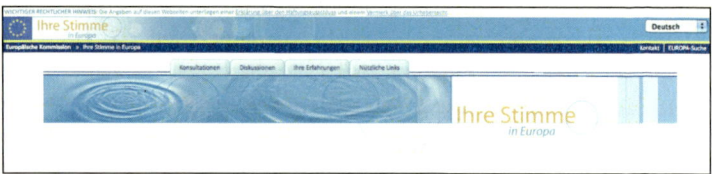

*Quelle: http://ec.europa.eu/yourvoice/index_de.htm, 09.09.2009*

Die Webseite verfügt über eine einfache und daher gut nachvollzieh-
bare Navigationsstruktur. Den Nutzern stehen dabei drei Formen der
Interaktion zur Auswahl:

1 *Konsultationen*
2 *Diskussionen*
3 *Ihre Erfahrungen*

Die vierte Auswahlmöglichkeit führt auf eine Seite mit nützlichen
Links u.a. *Eurobarometer, Europäischer Wirtschafts- und Sozialausschuss*
oder die Datenbank *Konsultation, die Europäische Kommission und die
Zivilgesellschaft (CONECCS)*.

*»Konsultationen«*
Die *Konsultationen*-Seite bietet die Möglichkeit, sich an laufenden Anhörungen zu beteiligen und gibt Einblick in die Ergebnisse von bereits
abgeschlossenen *Konsultationen*. Die Beteiligung wird hier durch die
Teilnahme an einer Umfrage durch strukturierte *Online*-Fragebögen
realisiert. Zu den einzelnen Anhörungen, die Themen aus allen Bereichen der EU-Politik einschließen, erhalten die Nutzer kurze und
übersichtliche Informationen. Zusätzlich lassen sich auch ausführliche Hintergrundinformationen abrufen.

*»Diskussionen«*
Auf der *Diskussionen*-Seite besteht für die Nutzer die Gelegenheit, ihre
Meinung in verschiedenen *Chats* mit politischen Entscheidungsträgern und anderen Bürgern auszutauschen oder ihre Meinungen in
spezifischen Foren zu posten. In den *Chats* wurden Themen diskutiert
wie zum Beispiel:

- *WTO-Ministertagung in Cancún: Nutzen für alle durch Handel!* (*Chat* mit dem Kommissar der EU für Handel, Pascal Lamy, im September 2003)
- *Erweiterung und die Zukunft der Union: Die neue Grenze* (*Chat* mit dem Präsidenten der Europäischen Kommission Romano Prodi im November 2002)
- *Handelspolitik EU/USA – Freunde oder Feinde?* (*Chat* mit dem Kommissar der Europäischen Union für Handel, Pascal Lamy, im November 2002)

(vgl. http://europa.eu.int/yourvoice/, 24.03.2007)

Zu den angebotenen Foren gehören: *Futurum*, ein Diskussionsforum zur Zukunft der EU, das Diskussionsforum über Bankgebühren für grenzüberschreitende Zahlungen, das Forum der Informationsgesellschaft sowie *SIMAP* ein Forum für öffentliches Auftragswesen. Die Diskussionsforen sind sehr an wirtschaftlichen Thematiken orientiert. Sozialpolitische Fragen werden selten behandelt. Abgesehen davon lässt die Aktualität der Seite zu wünschen übrig. So ist im März 2007 der aktuellste aufgezeichnete Chat vom September 2005 (Internet-*Chat* mit Louis Michel: *Die EU auf dem UN-Gipfel über die Millenniums-Entwicklungsziele*).

### »Ihre Erfahrungen«

Hilfe bei persönlichen Problemen mit der EU findet man auf der *Ihre Erfahrungen*-Seite. Dort können die Nutzer in anonymisierter Weise ihren eigenen Fall darstellen und Informationen und Ratschläge dazu einholen. Von der EU werden drei Netzwerke angeboten: das Euro-Info-Center (EIC), das Unternehmen berät, der Wegweiserdienst für die Bürger sowie die Europäischen Verbraucherzentren, die für die Lösung von Verbraucherfragen zuständig sind.

Ein Blick auf die thematischen Schwerpunkte, die in diesen drei Interaktionsformen behandelt werden, verrät eine starke Betonung von wirtschaftlichen Fragen. So werden die meisten Konsultationen zu unternehmens- oder binnenmarkpolitischen Themen angeboten. Auch in den *Chats* überwiegen Diskussionen mit wirtschaftlicher Themenorientierung.

### »Nützliche Links«

Über die *Nützliche Links*-Seite gelangt man zu einer Reihe anderer Webseiten der EU. Dazu gehören das Eurobarometer, das Ergebnisse von Meinungsumfragen liefert, ein Verzeichnis aller Mitglieder des Europäischen Parlaments (MEP), das Problemlösungsnetz *SOLVIT*, der Europäische Wirtschafts- und Sozialausschuss, der Ausschuss der Regionen, die Dialogplattformen für Bürger und Unternehmen sowie das Verzeichnis für Organisationen der Zivilgesellschaft und die beratenden Gremien der Kommission (*CONECCS*).

### 6.3.4 Mechanismen der interaktiven Politikgestaltung

Das Realisierungskonzept der interaktiven Politikgestaltung der Webseite *Your Voice in Europe* basiert auf zwei internetunterstützten Instrumenten oder Mechanismen. Der *Feedback*-Mechanismus ermöglicht der EU, laufend Informationen von Bürgern und Unternehmen abzurufen und informiert über konkrete Fälle, Meinungen und Probleme. Die in diesen Datenbanken erfassten Fälle sollen den politischen Entscheidungsträgern dazu dienen, Beurteilungen ihrer Tätigkeit zu erhalten und neue Anregungen zu sammeln. Der Mechanismus für die *Online*-Konsultationen erlaubt durch den Einsatz von strukturierten Fragebögen eine effizientere und Kosten sparendere Erhebung und Auswertung von Meinungen über die zukünftigen Vorhaben der EU, als dies mit herkömmlichen Umfragemethoden möglich ist. Dadurch verkürzt sich auch die Reaktionszeit der zuständigen Politiker auf die Rückmeldungen der Bürger.

Die Umfragen zu den einzelnen Konsultationen sind gut gestaltet. Die *Online*-Fragebögen sind übersichtlich, ohne Überlänge aufbereitet und verfügen über kurze thematische Beschreibungen, die durch die Umfrage führen. Bei den Ergebnissen von abgeschlossenen Konsultationen werden zu allen Einzelfragen Auswertungen angeboten. Auf diese Weise werden auch die Schritte bekannt, die zu einem Umfrageergebnis führen, der Prozess wird transparenter.

*Chats* finden unregelmäßig statt. Manchmal gibt es monatelange Unterbrechungen, danach folgen wieder zwei *Chats* an zwei Tagen hintereinander. Leider fehlt hier auch eine Vorankündigung von zukünftig geplanten *Chats*. Gut beschrieben sind hingegen die technischen Voraussetzungen, die die Nutzer benötigen, um die Verbindung zu einem *Chatroom* herzustellen. Ebenso positiv bewerten wir die Aufzeichnungen von bereits stattgefunden *Chats*, da sie es möglich machen, den Inhalt einer Diskussion nachzulesen.

Etwas unübersichtlich ist der Bereich der Webseite gestaltet, der dafür vorgesehen ist, die eigenen Erfahrungen und Probleme mit der EU darzustellen. Abgesehen vom *Wegweiserdienst für die Bürger*, wo die Nutzer eine einfache Formularoberfläche vorfinden, sind weitere Eingabemöglichkeiten für die persönlichen Fälle nur sehr umständlich zu finden.

Insgesamt gesehen, scheint das Angebot der EU aber nicht darauf aus zu sein, das kommunikative und demokratische Potential des Internets zu entfalten. So stellt auch Cooke (2007: 373) in Bezug auf den Bereich der EU resümierend fest:

»[...] the desire to control and to regulate the internet is taking precedence over measures to promote freedom of expression and freedom of enquiry online. A reliance on industry self-regulation rather than on autonomous self-regulation by the end user carries real risks of unseen (and therefore unaccountable) censorship.«

## 6.4 ZUSAMMENFASSUNG

In diesem Kapitel haben wir uns mit konkreten Beispielen transnationaler virtueller Portale beschäftigt. APC, FoEI und *OneWorld* sind zivilgesellschaftliche virtuelle Netzwerke. Das Beispiel der EU-Homepage mit dem Portal *Your Voice in Europe* beleuchtet die Perspektive institutioneller Politik und deren Nutzung digitaler Kommunikations- und Informationstechnologien.

Während sich APC mit den Rechten der Bürger im digitalen Raum auseinandersetzt und als Hauptaktionsfeld die Unterstützung von (südlichen) Entwicklungsländern und NGOs festgelegt hat, beschäftigen sich die Akteure von FoEI mit umweltbezogenen und sozialen Themen. *OneWorld* versteht sich als informationspolitisches Metaportal für NGOs in den Bereichen Menschenrechte, Demokratie und Entwicklungshilfe. Die EU-Homepage hingegen konzentriert sich hauptsächlich auf europäische Organisationen und wirtschaftspolitische Themen. APC, FoEI und *OneWorld* arbeiten an der Herstellung einer transnationalen Öffentlichkeit, über welche sie Einfluss auf politische Entscheidungsfindungen gewinnen möchten. Die EU hingegen will mit den Interaktionsangeboten von *Your Voice in Europe* Evaluationen politischer Entscheidungen durchführen und sich über Feedback-Schleifen und die Schaffung von Transparenz über Konsultationsverfahren eine Legitimierungsgrundlage für ihr Handeln sichern.

APC ist die einzige virtuelle Organisation unter diesen Beispielen, die zum Großteil auf einer fast völlig dezentralisierten Basis arbeitet. Dabei sind die Organisationen auf den Süden und den Norden verteilt. Bei FoEI und *OneWorld* konzentrieren sich die Partnerorganisationen bisher hauptsächlich auf Europa und Nordamerika. Bei der EU-Homepage und ihren virtuellen Angeboten ist die Fokussierung auf Europa und dessen Bürger verständlich. Alle virtuellen Netzwerke versuchen

eine Balance zwischen ihren transnationalen Interessen und den Interessen der lokalen Gruppen zu finden. Die Grundlagen für eine
transnationale Identität werden durch ein gemeinsames virtuelles Metaportal geschaffen. Gleichzeitig gibt es Subdomains, in denen sich die
einzelnen Mitgliederorganisationen in ihrer spezifischen kulturellen
Identität präsentieren. Bei *OneWorld* oder FoEI sind das beispielsweise
die nationalen Homepages der Partnerorganisationen. So bilden sich
kosmopolitische Perspektiven heraus. *OneWorld* ist das einzige Portal, das auch auf die unterschiedlichen Ausgangslagen von Nutzern
zugeschnittene Angebote anbietet, so z.B. den *Kids Channel*. APC und
*OneWorld* bieten außerdem Ressourcen im Internet an, mit denen einzelne Bürger, NGOs und soziale Bewegungen arbeiten können. Die
Portale dienen aber nicht nur dem Sammeln, dem Speichern und der
Vermittlung von Informationen. Es werden auch Beziehungen aufgebaut und Gemeinschaften geschmiedet (Diani 2001). Die politische
Partizipation *online* soll zu *offline* Handlungen führen (Fenton 2008).

# 7 Schlussfolgerungen

Zusammenfassend können wir festhalten, dass die institutionelle Politik ihre Zusammenarbeit mit transnationalen zivilgesellschaftlichen Organisationen ausbauen sollte. Diese haben virtuelle Netzöffentlichkeiten aufgebaut, die über beträchtliche Ressourcen an Akteuren sowie an Problem- und Reflexionskompetenzen verfügen. Die besprochenen Internetportale können als Beispiele dafür gesehen werden, dass hinter den Webseiten ein enormes, latentes, kommunikatives und demokratisches Potential steckt, das sich in bestimmten Situationen aktualisiert und manifest wird. Die Nutzung der digitalen Medien kann zum einen politisches Interesse, staatsbürgerliches Engagement und politische Teilhabe fördern, zum anderen zur Entwicklung problemorientierter Mobilisierung durch Gruppen und Individuen abseits des vorherrschenden politischen Systems und der dominanten Medien beitragen. Es sind also die Akteure, die das demokratische Potential des Internets entfalten, das Interaktivität, Dezentralität und Vielfältigkeit technisch möglich macht.

Wir sind wie Castells der Auffassung, es »[...] ließe sich eine neue Art ziviler Gesellschaft rekonstruieren, wenn politische Repräsentation und Entscheidungsfindung eine Verbindung zu diesen neuen Quellen von Beiträgen finden könnten, die von betroffenen Bürgerinnen und Bürgern geleistet werden [...]« (Castells 2002: 374). So ist eine wichtige politische Forderung, *digital citizenship*, die auf einem freien Zugang zum Internet und der Ausbildung der hierfür erforderlichen Kompetenzen beruht, für alle zu ermöglichen. »Citizenship in the information age underscores the need for educational opportunity and the capabilities to enjoy the rights and fulfil the duties of membership in a changing society.« (Mossberger/Tolbert/McNeal 2008: 157)

Wir haben gezeigt, dass das Internet die Artikulation unterschiedlicher alternativer Stimmen, Positionen und Perspektiven erlaubt. Es können marginalisierte, indigene und minoritäre Individuen und Gruppen sein, aber auch soziale und künstlerische Bewegungen, die für politische Belange und einen neuen demokratischen Raum kämpfen oder ästhetische Gemeinschaften wie Fans, die ihren spezialisierten Interessen und Leidenschaften nachgehen. Das Beispiel der TM-Praktiken zeigt, dass auch neue Möglichkeiten für Akteure entstehen, sich Freiheitsräume zu erkämpfen und traditionelle Vorstellungen von Copyright und Kreativität in Frage zu stellen, indem sie für *digital commons*, eine freie und allgemein zugängliche Kultur (vgl. Lessig 2006), kämpfen, die vor Staat und Wirtschaft geschützt werden muss.

Es ist deutlich geworden, dass es im Internet kreative Widerstandspraktiken im Sinne der Cultural Studies gibt. Deren Ausgangspunkte, Perspektiven und Ziele sind in der Regel aber nicht auf das Internet beschränkt. Es scheint deshalb gerade in soziologischer Sicht problematisch zu sein, nur den Bereich des Virtuellen zu betonen und von einer *Online*-Vergemeinschaftung oder von einer *Online*-Vergesellschaftung zu sprechen (vgl. Jäckel/Mai 2005). Die alternativen Praktiken im Kontext des Internets veranschaulichen, dass es unterschiedlich und komplex gebraucht werden kann. Es gibt nicht *das* Internet, sondern unterschiedliche Artikulationsweisen, die ihren Ursprung *offline* haben.

Habitualisierte Weisen des Mediengebrauchs bestimmen mit, welche sozialen und kulturellen Implikationen ein Medium hat. In diesem Sinne verändern bessere Medienkompetenzen die Nutzungsweisen und damit letztendlich die Medien. Die Förderung von Medienkompetenzen wie es beispielsweise APC oder *OneWorld* durch virtuelle Trainingsangebote machen, ist Teil der Strategie zur Demokratisierung der neuen Medien. Zu den Medienkompetenzen zählen etwa: Differenzierungs- und Selektionskompetenz, Orientierungskompetenz, Evaluationskompetenz, Produktions- und Gestaltungskompetenz. Voraussetzung hierfür ist die Schaffung freier und chancengleicher Zugangsmöglichkeiten. Die Förderung virtueller Partizipation sollte durch spezifische Förderprogramme realisiert werden. Stimmt man sie und auch die virtuellen Angebote auf die spezifischen Ausgangslagen der Nutzer ab, dann sind die Erfolge umso größer. So ist eine Auffächerung virtueller Angebote in Bezug auf die verschiedenen Zugänge und Kompetenzen geboten. Medienangebote werden auf diese Weise stärker akzeptiert, erwecken mehr Interesse und erzielen größere Wirkungen. Es geht also darum durch politische Maßnahmen die Exklusion aus den digitalen Netzen, die negative Folgen für die

Demokratie hat, abzubauen und gleichzeitig den politischen Nutzen zu steigern, den eine Partizipation an der Gesellschaft *online* hat.

Die Netzangebote werden durch qualitätssichernde Maßnahmen verbessert. Dazu zählt die thematische Fokussierung der politischen Kommunikationsflüsse im Netz. Auf diese Weise findet eine tiefergehende Auseinandersetzung mit den jeweiligen Problemlagen statt, was gerade in der öffentlichen Sphäre von großer Bedeutung ist. So entstehen themenspezifische Öffentlichkeiten. Durch die virtuelle Netzstruktur kommt es zu einer Verbindung unter den einzelnen Teilöffentlichkeiten – eine transnationale Öffentlichkeit bildet sich heraus.

Es geht auch im digitalen Netz um die Etablierung diskursiver Arenen. Demokratiepolitisch wichtig erscheint die Ausbildung von Knotenpunkten zwischen der Netzöffentlichkeit und dem realweltlichen politischen Entscheidungsraum. Will die institutionelle Politik die Bürger zur Teilnahme an politischen Prozessen motivieren, müssen die virtuell ausgehandelten Ergebnisse in den politischen Programmen und Entscheidungsprozessen berücksichtigt werden. Nur über die Anerkennung des Engagements lässt sich dieses auch auf Dauer aufrechterhalten.

In virtuellen transnationalen Öffentlichkeitssphären kann es zu rationalen kommunikativen Auseinandersetzungen in Bezug auf aktuelle, relevante Themen kommen. Die Teilnehmer sind bereit, sich auf diskursive Aushandlungen von Entscheidungen einzulassen und treten ihren Kommunikationspartnern mit grundsätzlicher Akzeptanz gegenüber. Die Grundhaltung soll die Anerkennung des Anderen in seiner Andersheit sein (vgl. Honneth 1992). Durch die Heranführung alltagsweltlicher Kommunikation an die virtuelle Kommunikation und umgekehrt kann eine in sich gefestigte kommunikative Grundhaltung gesellschaftlich gefördert werden, die eine empathische Verständigung, eine Ausrichtung am Gemeinwohl und an einer demokratischen Konsensfindung fördert.

Die Ausbildung einer kosmopolitischen Sichtweise führt dazu, dass die Wechselwirkungen und die Verknüpfungen zwischen lokalen und globalen Kontexten sowie Geschehnissen erkannt werden. Hierzu gehört auch eine moralische Imagination, die sich auf alle Menschen bezieht. Wenn die Rechte von entfernt lebenden Fremden verletzt oder nicht vollständig anerkannt werden, intervenieren soziale Bewegungen und NGOs. Im Eintreten und im Kampf für *global justice* wird das emanzipatorische Potential des Kosmopolitismus deutlich.

Das Internet kann durch seine Netzstruktur, in der jeder Kommunikationsknotenpunkt gleichwertig neben anderen steht, was die

Ausrichtung an Zentrum und Peripherie auflöst, wesentlich zu einer Stärkung kosmopolitischer Grundhaltungen beitragen. Durch seine Struktur der *Hyperlinks*, *Domains* und *Subdomains* eignet es sich hervorragend für den Aufbau einer transnationalen Identität. Jeder Punkt im Netzwerk ist Teil des übergeordneten Ganzen und kann trotzdem seine Besonderheit beibehalten. Auf diese Art kann eine Balance zwischen Individualität und Ganzem, zwischen Lokalem und Globalem gelingen.

Es ist wichtig, kosmopolitische Perspektiven zu stärken und zu forcieren sowie eine globale Demokratie als Zielsetzung zu haben. Dies kann helfen, Re-Regionalisierungstendenzen, sozialen Pathologien wie Nationalismen und fundamentalistischen Tendenzen entgegenzuwirken. Die Implementierung kosmopolitischer Perspektiven sollte ein wichtiger Bestandteil demokratiepolitischer Strategien sein. Durch die Stärkung des Bewusstseins für die Notwendigkeit einer reflexiven Identität und ihr Eingebundensein in einem doppelten Referenzrahmen können wir die Motivation für diskursive Auseinandersetzungen und demokratische Konsensfindung erhöhen. Mit reflexiver Identität ist dabei eine Haltung gemeint, die es erlaubt, die eigene Kultur aus einer Metaebene zu betrachten und in den globalen Kontext einzuordnen.

Das Internet ist ein globales Medium – zumindest potentiell, denn noch gibt es nicht überall die nötige Infrastruktur. Aber auch in Afrika und Asien haben immer mehr Menschen Zugang zum Internet, wobei die asiatischen Nutzer eine immer wichtigere Rolle spielen. Das Internet ist polyzentrisch geworden (vgl. Terranova 2008: 602). Eine ständig wachsende Vielfalt von Kulturen und Sprachen wird miteinander verbunden und in Kontakt gebracht. Eine kosmopolitische Orientierung ist daher notwendig. »Kosmopolitismus ist ein politischer Raum, der ohne Pluralismus nicht auskommen kann. Noch mehr: Ein in der historischen Erfahrung verwurzelter Kosmopolitismus ist gleichbedeutend mit Pluralismus.« (Sznaider 2008: 144)

Gemeinsame Ängste und Sorgen bilden die Basis gemeinsamer Aktionen wie Ulrich Beck in *Die Weltrisikogesellschaft* (2008) zeigt. Von den herkömmlichen Strukturen ausgeschlossene Gruppen organisieren sich zunehmend im virtuellen Raum über die Nutzung von *open source software*, bilden Gegenöffentlichkeiten und nutzen digitale Pfade für ihre Zwecke. Hinzu kommt, dass Öffentlichkeiten sich zunehmend über Grenzen hinweg etablieren und auf diese Weise transnational werden. Während dies noch vor einiger Zeit den politischen Eliten (wie z.B. Diplomaten) vorbehalten blieb, können jetzt durch das Internet viele an einer grenzüberschreitenden Öffentlichkeit aktiv teilhaben.

Vor allem NGOs bauen aktiv an einer transnationalen Öffentlichkeit, indem sie Mitglieder aus verschiedenen Ländern für ihre Anliegen mobilisieren. Im Gegensatz zu Regierungen können sie sich auf transnationale Themen fokussieren. Die politischen Akteure der Regierungen sind ihren Wählern verpflichtet und deshalb an nationalstaatliche Räume weiterhin gebunden. Während sie auf dem internationalen Parkett üblicherweise primär mit Blick auf ihr nationales Publikum agieren, ist es den transnationalen NGOs und den neuen sozialen Bewegungen gelungen, eine transnationale Öffentlichkeit für drängende Weltprobleme zu schaffen. So treten sie als wertvolle Korrektive in demokratiepolitischen Fragen auf, indem sie beispielsweise Themen auf die öffentliche Agenda setzen, die von den Regierungsparteien nicht angesprochen werden. Die Hauptakteure auf solchen virtuellen Portalen bauen transnationale Öffentlichkeiten, die sich dann situationsspezifisch aktualisieren können. Wie groß das Potential von NGOs und transnationalen Aktivisten wirklich ist, zeigen die Proteste und Kampagnen gegen die neoliberale Globalisierung, die Amory Starr (2005) als Teil einer globalen Revolte beschreibt. Die wechselseitige Beeinflussung der institutionellen politischen Teilöffentlichkeiten und der zivilgesellschaftlichen Teilöffentlichkeiten sowie deren Zusammenarbeit führen zu einem differenzierten und vielschichtigen Aktions- und Kommunikationsfeld. Die digitalen Medien eignen sich in besonderer Weise für derartige Vernetzungen. Die nationalen Regierungen sind mit NGOs und anderen zivilgesellschaftlichen Organisationen konfrontiert, die sich als Korrektive politischer Entscheidungen verstehen. Auch im virtuellen Raum etablieren sich immer mehr Portale wie *OneWorld*, die NGOs und anderen sozialen Organisationen beim Aufbau ihrer Internetpräsenz helfen. Wir bemerken eine zunehmende Professionalisierung. Aufgrund der dezentralen Struktur des virtuellen Netzes sind auch nationale Institutionen und transnationale Einrichtungen angehalten, aktiv an ihrer Positionierung im virtuellen Raum zu arbeiten. Auch sie sind Kommunikationsknotenpunkte unter vielen und müssen sich, wollen sie weiterhin beachtet werden und Zustimmung finden, kommunikativ und interaktiv weiter öffnen.

Zivilgesellschaftliche Organisationen und soziale Bewegungen schaffen über das Netz transnationale Öffentlichkeiten, die den westfälischen Rahmen des Nationalstaates verlassen haben. Deren Voraussetzung ist nicht die politische Mitgliedschaft in einem Nationalstaat, sondern die Betroffenheit, die zum Prinzip transnationaler Öffentlichkeiten geworden ist. Sie reflektiert das Eingebundensein in transnationale Strukturen sowie die Abhängigkeit von Institutionen, die unser

Leben bestimmen und oft nicht demokratisch legitimiert sind (vgl. Fraser 2008: 249). Die ausgehandelten und artikulierten Proteste sollen kommunikativen Druck auf politische Entscheidungsträger ausüben. Die Politik muss diese Teilöffentlichkeiten erkennen und berücksichtigen. Sie muss den Anschluss an die Empörung, den Protest, die Probleme und die Werte suchen, die aus der Lebenserfahrung der Menschen im globalen Informationszeitalter entspringen und auf den virtuellen Portalen präsentiert werden. Gleichzeitig ist es aber auch erforderlich, wie Nancy Fraser (2008: 252) feststellt, über neue Adressaten der öffentlichen Meinung in Form neuer transnationaler Gewalten nachzudenken, die die administrative Kraft haben, transnationale Probleme zu lösen. Diese sollen durch die transnationale Öffentlichkeit kontrolliert werden und einer demokratischen Praxis folgen. In diesem Zusammenhang ist auch Theoriearbeit erforderlich, um das kritische und emanzipatorische Potential des Öffentlichkeitsbegriffs unter transnationalen Bedingungen bewahren zu können und eine globale Demokratie zu verwirklichen. Mit der Nutzung digitaler Medien ist nicht nur die Hoffnung auf demokratische Veränderungen und globale Solidarität verbunden, sondern auch auf die Neuerfindung von Gemeinschaft und kollektiv geteilter Visionen.

# Literatur

Adams, Tyrone L./Smith, Stephen A. (2008): »A Tribe by Any Other Name...«. In: dies. (Hg.), *Electronic Tribes. The Virtual Worlds of Geeks, Gamers, Shamans, and Scammers*, Austin: University of Texas Press, S. 11-20.

Aguitou, Christoph (2002): *Was bewegt die Kritiker der Globalisierung? Von Attac zu Via Campensina*, Köln: ISP.

Andretta, Massimiliano/della Porta, Donatella/Mosca, Lorenzo/Reiter, Herbert (2003): *No Global-New Global. Identität und Strategien der Antiglobalisierungsbewegung*, Frankfurt a.M./New York: Campus.

Appadurai, Arjun (2000): »Grassroots Globalization and the Research Imagination«. In: *Public Culture* Jg. 12, Heft 1, S. 1-19.

Atton, Chris (2004): *An Alternative Internet. Radical Media, Politics and Creativity*, Edinburgh: Edinburgh University Press.

Audenhove, Leo van/Cammaerts, Bart/Frissen, Valerie/Engels, Liz/Ponsioen, Arnout (2002): *Transnational Civil Society in the Networked Society. A Study on the Relationship between ICTs and the Rise of a Transnational Civil Society*, Study in the Framework of Terra 2000, EU Project under IST 2000 for Institute of Infonomics.

Bachmann, Götz/Wittel, Andreas (2006): »Medienethnographie«. In: Ruth Ayaß/Jörg Bergmann (Hg.), *Qualitative Methoden der Medienforschung*, Reinbek: Rowohlt, S. 183-219.

Baringhorst, Sigrid/Kneip, Veronica/Niesyto, Johanna (Hg.) (2009): *Political Campaigning on the Web*, Bielefeld: transcript.

Bauman, Zygmunt (2003): *Liquid Love. On the Frailty of Human Bonds*, Cambridge: Polity.

Baym, Nancy (2000): *Tune In, Log On. Soaps, Fandom, and Online Community*, London u.a.: Sage.

Beck, Ulrich (1986): *Risikogesellschaft. Auf dem Weg in eine andere Moderne*, Frankfurt a.m.: Suhrkamp.

Beck, Ulrich (2002): *Macht und Gegenmacht im globalen Zeitalter. Neue weltpolitische Ökonomie*, Frankfurt a.m.: Suhrkamp.

Beck, Ulrich (2003): »Verwurzelter Kosmopolitismus: Entwicklung eines Konzepts aus rivalisierenden Begriffsoppositionen«. In: Ulrich Beck/Natan Sznaider/Rainer Winter (Hg.), *Globales Amerika? Die kulturellen Folgen der Globalisierung*, Bielefeld: transcript, S. 25-43.

Beck, Ulrich (2008): *Die Weltrisikogesellschaft*, Frankfurt a.m.: Suhrkamp.

Beck, Ulrich/Sznaider, Natan/Winter, Rainer (Hg.) (2003): *Globales Amerika? Die kulturellen Folgen der Globalisierung*, Bielefeld: transcript.

Bennett, Lance (2003): »Communicating Global Activism. Strengths and Vulnerabilities of Networked Politics«. In: *Information, Communication and Society* Jg. 6, Heft 2, S. 143-168.

Bennett, Lance/Entman, Robert (Hg.) (2001): *Mediated Politics*, Cambridge: Cambridge University Press.

Berland, Jody (2000): »Cultural Technologies and the Evolution of Technological Cultures«. In: Andrew Herman/Thomas Swiss (Hg.), *The World Wide Web and Contemporary Cultural Theory*, London/New York: Routledge, S. 235-288.

Bieber, Christoph (1999): *Politische Projekte im Internet. Online-Kommunikation und politische Öffentlichkeit*, Frankfurt a.M./New York: Campus.

Blondeau, Oliver (2007): *Devenir Média. L'Activisme sur Internet entre Défection et Expérimentation* (avec la collaboration de Laurence Allard), Paris: Éditions Amsterdam.

Boler, Megan (Hg.) (2008): *Digital Media and Democracy. Tactics in Hard Times*, Cambridge, MA: MIT Press.

Boler, Megan (2008): »Introduction«. In: dies. (Hg.), *Digital Media and Democracy. Tactics in Hard Times*, Cambridge, MA: MIT Press, S. 1-50.

Boler, Megan/McChesney, Robert (2008): »The State of the Media. An Interview with Robert McChesney«. In: Megan Boler (Hg.), *Digital Media and Democracy. Tactics in Hard Times*, Cambridge, MA: MIT Press, S. 53-70.

Breckenridge, Carol/Pollock, Sheldon/Bhabha, Homi K./Chakrabarty, Dipesh (Hg.) (2002): *Cosmopolitism*, London/Durham: Duke University Press.

Bruns, Axel (2008): *Blogs, Wikipedia, Second Life, and Beyond. From Production to Produsage*, New York: Peter Lang Publishing.

Carey, James (1989): *Communication as Culture*, London u.a.: Unwin Hyman.

Castells, Manuel (2001a): *Der Aufstieg der Netzwerkgesellschaft, Teil 1*, Opladen: Leske und Budrich.

Castells, Manuel (2001b): *The Internet Galaxy. Reflections on the Internet, Business, and Society*, Oxford: Oxford University Press.

Castells, Manuel (2002): *Die Macht der Identität, Teil 2*, Opladen: Leske und Budrich.

Castells, Manuel (2003): *Jahrtausendwende, Teil 3*, Opladen: Leske und Budrich.

de Certeau, Michel (1988): *Kunst des Handelns*, Berlin: Merve.

Chabot, Sean/Duyvendak, Jan Willem (2002): »Globalization and Transnational Diffusion between Social Movements: Reconceptualizing the Dissemination of the Gandhian Repertoire and the ›Coming Out‹ Routine«. In: *Theory and Society* Jg. 31, Heft 6, S. 697-740.

Cooke, Louise (2007): »Controlling the Net: European Approaches to Content and Access Regulation«. In: *Journal of Information Science* Jg. 33, Heft 3, S. 360-376.

Couldry, Nick (2000): *Inside Culture, Reimagining the Method of Cultural Studies*, London: Sage.

Couldry, Nick (2003): »Digital Divide or Discursive Design? On the Emerging Ethics of Information Space«. In: *Ethics and Information Technology* Jg. 5, S. 89-97.

Couldry, Nick (2004): »The Digital Divide«. In: David Gauntlett/Ross Horsley (Hg.), *Web.Studies* (2. Aufl.), London: Arnold, S. 185-194.

Crane, Diana (2008): »Globalization and Cultural Flows/Networks«. In: Tony Bennett/John Frow (Hg.), *The Sage Handbook of Cultural Analysis*, Thousand Oaks, CA: Sage, S. 359-381.

Critical Art Ensemble (2007): *Elektronischer Widerstand*, Wien: Passagen Verlag.

Critical Art Ensemble (2008): »Tactical Media at Dusk«. In: *Third Text* Jg. 22, Heft 5, S. 535-548.

Dahlgren, Peter (2001): »The Public Sphere in the Net: Structure, Space and Communication«. In: Lance Bennett/Robert Entman (Hg.), *Mediated Politics. Communication in the Future of Democracy*, Cambridge: Cambridge University Press, S. 33-55.

Dahlgren, Peter (2003): »Reconfiguring Civic Culture in the New Media Milieu«. In: John Corner/Dick Pels (Hg.), *Media and the Resty-*

ling of Politics. Consumerism, Celebrity and Cynicism. London u.a.: Sage, S. 151-170.

Dean, Jodi (2008): »Communicative Capitalism: Circulation and the Foreclosure of Politics«. In: Megan Boler (Hg.), Digital Media and Democracy. Tactics in Hard Times, Cambridge, MA: MIT Press, S. 101-122.

Deleuze, Gilles (1993): »Postskriptum über die Kontrollgesell-schaften«. In: ders., Unterhandlungen 1972-1990, Frankfurt a.M.: Suhrkamp, S. 254-262.

Deleuze, Gilles/Guattari, Félix (1974): Anti-Ödipus. Kapitalismus und Schizophrenie 1, Frankfurt a.M.: Suhrkamp.

Deleuze, Gilles/Guattari, Félix (1977): Rhizom, Berlin: Merve.

Deleuze, Gilles/Guattari, Félix (1992): Tausend Plateaus. Kapitalismus und Schizophrenie 2, Berlin: Merve.

Deibert, Ronald J. (2008): »Black Code Redux. Censorship, Surveil-lance, and the Militarization of Cyberspace«. In: Megan Boler (Hg.), Digital Media and Democracy. Tactics in Hard Times, Cam-bridge, MA: MIT Press, S. 137-164.

Deibert, Ronald J./Palfrey, John/Rohozinski, Rafal/Zittrain, Jonathan (Hg.) (2008): Access Denied. The Practice and Policy of Global Inter-net Filtering, Cambridge, MA: The MIT Press.

Denzin, Norman K. (2003): Performance Ethnography, London u.a.: Sage.

Diani, Mario (2001): »Social Movement Networks. Virtual and Real«. In: Frank Webster (Hg.), Culture and Politics in the Information Age, London: Routledge, S. 117-127.

Doherty, Brian (2006): »Friends of the Earth International: Negoti-ating a North-South Identity«. In: Environmental Politics Jg. 15, Heft 5, S. 860-880.

Donath, Matthias (2004): »Demokratie und Internet. Eine Einfüh-rung«. In: www.prometheusonline.de/heureka/politik/monografien/ donath3/kommoek.htm [gesehen am 21.01.2004].

Döring, Nicola (2003): Sozialpsychologie des Internet. Die Bedeutung des Internet für Kommunikationsprozesse, Identitäten, soziale Bezie-hungen und Gruppen, Göttingen/Bern/Toronto/Seattle: Hogrefe.

Downey, John/Fenton, Natalie (2003): »Constructing a Counter-Public Sphere«. New Media & Society Jg. 5, Heft 2, S. 185-202.

Downing, John/Villarreal Ford, Tamara/Genéve, Gil/Stein, Laura (2001): Radical Media. Rebellious Communication and Social Move-ments, London u.a.: Sage.

DuGay, Paul et al. (1997): Doing Cultural Studies. The Story of the Sony Walkman, London: Sage.

Duncombe, Steve (1997): *Notes from Underground: Zines and the Politics of Alternative Culture*, London/New York: Verso.

Eckert, Roland/Winter, Rainer (1987): »Kommunikationstechnologien und ihre Auswirkungen auf die persönlichen Beziehungen«. In: Burkart Lutz (Hg.), *Technik und sozialer Wandel. Verhandlungen des 23. Deutschen Soziologentages in Hamburg.* Frankfurt a.M./New York: Campus, S. 245-266.

Eckert, Roland/Vogelgesang, Waldemar/Wetzstein, Thomas A./Winter, Rainer (1991): *Auf digitalen Pfaden. Die Kulturen von Hackern, Programmierern und Spielern*, Opladen: Westdeutscher Verlag.

Featherstone, Mike (2009): »Ubiquitous Media: An Introduction«. In: *Theory, Culture & Society* Jg. 26, Nr 2-3, S. 1-22.

Fenton, Natalie (2008): »Mediating Hope: New Media, Politics and Resistance«. *International Journal of Cultural Studies* Jg. 11, Nr. 2, S. 230-248.

Fenton, Natalie/Downey, John (2003): »Counter Public Spheres and Global Modernity«. *Javnost – The Public*, (X) 1, S. 15-33.

Ferreira, Eliane Fernandes (2008): *Von Pfeil und Bogen zum »Digitalen Bogen«. Die Indigenen Brasiliens und das Internet*, Bielefeld: transcript.

Fiske, John (1987): *Television Culture*, London/New York: Routledge.

Fiske, John (1992): »The Cultural Economy of Fandom«. In: Lisa A. Lewis (Hg.), *The Adoring Audience. Fan Culture and Popular Media*, London/New York: Rotuledge, S. 30-49.

Fiske, John (1993): *Power Plays – Power Works*, London/New York: Verso.

Fiske, John (1994): *Media Matters. Everyday Culture and Political Change*, Minneapolis: University of Minnesota Press.

Fiske, John (2001): »Die britischen Cultural Studies und das Fernsehen«. In: Rainer Winter/Lothar Mikos (Hg.), *Die Fabrikation des Populären. Der John Fiske-Reader*, Bielefeld: transcript, S. 17-68.

Fornäs, Johannes/Klein, Kajsa/Ladendorf, Martina/Sunden, Jenny/Sveningsson, Malen (2002). „Introduction". In: dies. (Hg.): *Digital Borderlands*. New York: Peter Lang, S. 1-48.

Foucault, Michel (1975): *Überwachen und Strafen. Die Geburt des Gefängnisses*, Frankfurt a.M.: Suhrkamp.

Foucault, Michel (1987): »Das Subjekt und die Macht«. In: Hubert A. Dreyfus/Paul Rabinow (Hg.), *Michel Foucault. Jenseits von Strukturalismus und Hermeneutik*, Frankfurt a.M.: Syndikat.

Foucault, Michel (1992): »Andere Räume«. In: Karlheinz Barck (Hg.), *Aisthetis. Wahrnehmung heute oder Perspektiven einer anderen Ästhetik*, Leipzig: Reclam, S. 34-46.

Foucault, Michel (1993): »Technologien des Selbst«. In: Luther H. Martin u.a. (Hg.), *Technologien des Selbst*, Frankfurt a.M.: S. Fischer, S. 24-62.

Fraser, Nancy (1992): »Rethinking the Public Sphere – A Contribution to the Critique of Actually Exisiting Democracy«. In: Craig Calhoun (Hg.), *Habermas and the Public Sphere*, Cambridge, MA: The MIT Press, S. 109-142.

Fraser, Nancy (2008): »Die Transnationalisierung der Öffentlichkeit. Legitimität und Effektivität der öffentlichen Meinung in einer postwestfälischen Welt«. In: Peter Niesen/Benjamin Herborth (Hg.), *Anarchie der kommunikativen Freiheit. Jürgen Habermas und die Idee der internationalen Politik*. Frankfurt a.M.: Suhrkamp, S. 224-253.

García Canclini, Nestor (1995): *Hybrid Cultures. Strategies for Entering and Leaving Modernity*, Minneapolis: University of Minnesota Press.

Giddens, Anthony (1991): *Modernity and Self-Identity*, Cambridge/Oxford: Polity Press.

Gilcher-Holtey, Ingrid (2000): »Der Transfer zwischen den Studentenbewegungen von 1968 und die Entstehung einer transnationalen Gegenöffentlichkeit«. In: *Berliner Journal für Soziologie* Jg. 10, Heft 4, S. 485-500.

Gramsci, Antonio (1991ff.): *Gefängnishefte*, Hamburg: Argument.

Green, Shoshanna/Jenkins, Cynthia/Jenkins, Henry (1998): »Normal Female Interest in Men Bonking: Selections from *The Terra Nostra Underground* and *Strange Bedfellows*«. In: Cheryl Harris/Alexander Alison (Hg.), *Theorizing Fandom. Fans, Subculture and Identity*. Cresskill, New Jersey: Hampton Press, S. 9-40.

Grossberg, Lawrence (1999): »Was sind Cultural Studies?« In: Karl H. Hörning/Rainer Winter (Hg.), *Widerspenstige Kulturen. Cultural Studies als Herausforderung*, Frankfurt a.M.: Suhrkamp, S. 43-83.

Guattari, Félix (1996): *Soft Subversions*, New York: Semiotexte/The MIT Press.

Habermas, Jürgen (1981): *Theorie des kommunikativen Handelns*, 2 Bde., Frankfurt a.M.: Suhrkamp.

Habermas, Jürgen (1990) [1962]: *Strukturwandel der Öffentlichkeit. Untersuchungen zu einer Kategorie der bürgerlichen Gesellschaft*, Frankfurt a.M.: Suhrkamp.

Habermas, Jürgen (1992): *Faktizität und Geltung. Beiträge zur Diskurstheorie des Rechts und des demokratischen Rechtsstaats*, Frankfurt a.M.: Suhrkamp.

Habuchi, Ichiyo (2005): »Accelerating Reflexivity«. In: Mimi Ito/Daisuke Okabe/Misa Matsuda (Hg.), *Personal, Portable, Pedestrian:*

*Mobile Phones in Japanese Life*, Cambridge, MA/London: The MIT Press.

Hahn, Alois (2000): *Konstruktionen des Selbst, der Welt und der Geschichte*, Frankfurt a.m.: Suhrkamp.

Hall, Stuart (1980): »Encoding/Decoding«. In: Stuart Hall/Dorothy Hobson/Andrew Lowe/Paul Willis (Hg.), *Culture, Media, Language. Working Papers in Cultural Studies, 1972-1979*, London: Routledge, S. 117-121.

Hall, Stuart (1986): »On Postmodernism and Articulation: an Interview with Stuart Hall by Lawrence Grossberg«. In: *Journal of Communication Inquiry* Jg. 10, Heft 2, S. 45-60.

Hall, Stuart (1994): »Das Lokale und das Globale: Globalisierung und Ethnizität«. In: ders., *Rassismus und kulturelle Identität. Ausgewählte Schriften 2*. Hamburg: Argument, S. 44-65.

Hand, Martin/Sandywell, Barry (2002): »E-topia as Cosmopolis or Citadel. On the Democratizing and De-democratizing Logics of the Internet, or, Toward a Critique of the New Technological Fetishism«. In: *Theory, Culture & Society* Jg. 19, Heft 1-2, S. 197-225.

Harvey, David (1989): *The Condition of Postmodernity*, Oxford: Basil Blackwell.

Hebdige, Dick (1979): Subculture. *The Meaning of Style*, London/New York: Methuen.

Heidegger, Martin (1993) [1927]: *Sein und Zeit*, Tübingen: Max Niemeyer.

Hill, Kevin/Hughes, John (1998): *Cyberpolitics. Citizen Activism in the Age of the Internet*, Lanham/Boulder/New York/Oxford: Rowman & Littlefield.

Hine, Christine (2000): *Virtual Ethnography*, London u.a.: Sage.

Holly, Werner/Püschel, Ulrich/Bergmann, Jörg (Hg.) (2003): *Der sprechende Zuschauer. Wie wir uns Fernsehen kommunikativ aneignen*, Opladen: Westdeutscher Verlag.

Holmes, David (Hg.) (2001): *Virtual Globalization. Virtual Spaces/Tourist Spaces*, London: Routledge.

Honneth, Axel (1992): *Kampf um Anerkennung. Zur moralischen Grammatik sozialer Konflikte*, Frankfurt a.M.: Suhrkamp.

Hörning, Karl H. (2004): »Soziale Praxis zwischen Beharrung und Neuschöpfung. Ein Erkenntnis- und Theorieproblem«. In: Karl H. Hörning/Julia Reuter (Hg.), *Doing Culture. Neue Positionen zum Verhältnis von Kultur und sozialer Praxis*, Bielefeld: transcript, S. 19-39.

Hoy, David (2004): *Critical Resistance. From Poststructuralism to Post-Critique*, Cambridge, MA: The MIT Press.

Huffschmid, Anne (2004): *Diskursguerilla: Wortergreifung und Widersinn. Die Zapatistas im Spiegel der mexikanischen und internationalen Öffentlichkeit*, Heidelberg: Synchron.

Hunter, Dan (2004): »ICANN and Electronic Democratic Deficit«. In: Peter Shane (Hg.), *Democray Online: The Prospects for Political Renewal through the Internet*, New York: Routledge, S. 141-154.

Ito, Mizuko (2008): »Introduction«. In: Kazys Varnelis (Hg.), *Networked Publics*, Cambridge, MA/London: The MIT Press, S. 1-14.

Jäckel, Michael/Mai, Manfred (Hg.) (2005): *Online-Vergesellschaftung? Mediensoziologische Perspektiven auf neue Kommunikationstechnologien*, Wiesbaden: VS Verlag.

Jenkins, Henry (2006a): *Convergence Culture. Where Old and New Media Collide*, New York: New York University Press.

Jenkins, Henry (2006b): *Fans, Bloggers, and Gamers. Exploring Participatory Culture*, New York: New York University Press.

Jenkins, Henry (2006c): »Introduction: ›Worship at the Altar of Convergence‹: A New Paradigm for Understanding Media Change«. In: ders., *Convergence Culture. Where Old and New Media Collide*, New York: New York University Press, S. 1-24.

Jenkins, Henry (2006d): »Spoiling Survivor: The Anatomy of a Knowledge Community«. In: ders., *Convergence Culture. Where Old and New Media Collide*, New York: New York University Press, S. 25-58.

Jenkins, Henry (2006e): »Interactive Audiences? The ›Collective Intelligence‹ of Media Fans. In: ders., *Convergence Culture. Where Old and New Media Collide*, New York: New York University Press, S. 134-151.

Jörissen, Benjamin/Marotzki, Winfried (2009): *Medienbildung. Eine Einführung*, Bad Heilbrunn: Verlag Julius Klinkhardt (UTB).

Joss, Simon (2002): »Toward the Public Sphere – Reflections on the Development of Participatory Technology Assessment«. In: *Bulletin of Science, Technology & Society* Jg. 22, Heft 3, S. 220-231.

Kahn, Richard/Kellner, Douglas (2003): »Internet Subcultures and Oppositional Politics«. In: David Muggleton/Rupert Weinzierl (Hg.), *The Post-Subcultures Reader*, Oxford – New York: Berg Publishers, S. 299-313.

Kahn, Richard/Kellner, Douglas (2005): »Internet Subcultures and Political Activism«. In: Pepi Leistyna (Hg.), *Cultural Studies. From Theory to Action*, Oxford: Blackwell, S. 217-230.

Kaldor, Mary (2003): *Global Civil Society. An Answer to War*, Cambridge/Oxford: Polity.

Kastner, Jens (2007): *Transnationale Guerilla. Aktivismus, Kunst und die kommende Gemeinschaft*, Münster: Unrast Verlag.

Kellner, Douglas (1989): *Critical Theory, Marxism and Modernity*, Baltimore: The John Hopkins University Press.

Kellner, Douglas (1995): *Media Culture*, London/New York: Routledge.

Kellner, Douglas (2003): *Media Spectacle*, London/New York: Routledge.

Kellner, Douglas (2005): »Neue Medien und neue Kompetenzen. Zur Bedeutung von Bildung im 21. Jahrhundert«. In: Rainer Winter (Hg.), *Medienkultur, Kritik und Demokratie. Der Douglas Kellner Reader*, Köln: Herbert von Halem, S. 264-295.

Klein, Naomi (2000): *No Logo. Der Kampf der Global Players um Marktmacht. Ein Spiel mit vielen Verlierern und wenigen Gewinnern*, Gütersloh: Riemann/Bertelsmann.

Kolko, Beth (Hg.) (2003): *Virtual Publics. Policy and Community in an Electronic Age*. New York: Columbia University Press.

Kolko, Beth/Nakamura, Lisa/Rodman, Gilbert (Hg.) (2000): *Race in Cyberspace*. London/New York: Routledge.

Kollock, Peter/Smith, Marc (1999): »Communities in Cyberspace«. In: Marc Smith/Peter Kollock, (Hg.), *Communities in Cyberspace*, London/New York: Routledge, S. 3-28.

Komito, Lee (1998): »The Net as a Foreaging Society: Flexible Communities«. In: *Information Society* Jg. 14, Heft 2, S. 97-106.

Kroes, Rob (2003): »Das Internet: Instrument der Amerikanisierung?«. In: Ulrich Beck/Natan Sznaider/Rainer Winter (Hg.), *Globales Amerika? Die kulturellen Folgen der Globalisierung*, Bielefeld: transcript, S. 300-323.

Krotz, Friedrich (2000): »Öffentlichkeit und medialer Wandel. Sozialwissenschaftliche Überlegungen zu der Verwandlung von Öffentlichkeit durch das Internet«. In: Werner Faulstich/Knut Hickethier (Hg.), *Öffentlichkeit im Wandel. Neue Beiträge zur Begriffserklärung*, Bardowick: Wissenschaftler Verlag, S. 210-223.

Kurasawa, Fuyuki (2007): *The Work of »Global Justice«. Human Rights as Practices*, Cambridge: Cambridge University Press.

Langman, Lauren (2005): »From Virtual Public Spheres to »Global Justice«: A Critical Theory of Internetworked Social Movements«. In: *Sociological Theory* Jg. 23, Heft 1, S. 42-74.

Lash, Scott (2002): *Critique of Information*, London u.a.: Sage.

Lash, Scott/Urry, John (1994): *Economies of Signs and Space*, London u.a.: Sage.

Latour, Bruno (2006): »Technik als stabilisierte Gesellschaft«. In: Andréa Belliger/David J. Krieger (Hg.), *ANThology. Ein einführendes Handbuch zur Akteur-Netzwerk-Theorie*, Bielefeld: transcript, S. 369-398.

Lax, Stephen (2004): »Internet and Democracy«. In: David Gauntlett/ Ross Horsley (Hg.), *Web.Studies* (2. Aufl.), London: Arnold, S. 217-229.

Leggewie, Claus (2003): »Transnationale Bewegungen und demokratische Frage«. In: *Transit* 24, S. 88-109.

Lessig, Lawrence (1999): *Codes and Other Laws of the Cyberspace*, New York: Basic Books.

Lessig, Lawrence (2006): *Freie Kultur. Wesen und Zukunft der Kreativität*, München: Open Source Press.

Lévy, Pierre (1997): *Collective Intelligence: Mankind's Emerging World in Cyberspace*, Cambridge, MA: Perseus Books.

Lim, Merlyna/Mark E. Kann (2008): »Politics: Deliberation, Mobilization and Networked Practices of Agitation«. In: Kazys Varnelis (Hg.), *Networked Publics*, Cambridge, MA/London: The MIT Press, S. 77-108.

Link, Jürgen (1997): *Versuch über den Normalismus. Wie Normalität produziert wird*, Opladen: Westdeutscher Verlag.

Lovink, Geert (2004): *Dark Fiber. Auf den Spuren einer kritischen Internetkultur*, Opladen: Leske und Budrich.

Lovink, Geert (2008): *Zero Comments. Elemente einer kritischen Internetkultur*, Bielefeld: transcript.

Lull, James (2001): »Superculture for the Communication Age«. In: ders. (Hg.), *Culture in the Communication Age*, London/New York: Routledge, S. 132-163.

Maffesoli, Michel (1988): *Le Temps des Tribus. Le Déclin de l'Individualisme dans les Sociétés de Masse*, Paris: Meridiens Klincksieck.

Marchart, Oliver (2004): *Techno-Kolonialismus – Theorie und imaginäre Kartographie von Kultur und Medien*, Wien: Löcker.

Marotzki, Winfried (2003): *Zur Konstitution von Subjektivität im Kontext neuer Informationstechnologien*, Baltmannsweiler: Schneider Verlag.

Marschall, Stefan (1998): »Netzöffentlichkeit/eine demokratische Alternative?«. In: Winand Gellner/Fritz von Korff (Hg.), *Demokratie und Internet*, Baden-Baden: Nomos, S. 43-54.

McCaughey, Martha/Ayers, Michael (Hg.) (2003): *Cyberactivism. Online Activism in Theory and Practice*, New York/London: Routledge.

McGrew, Anthony (2002): »Democratising Global Institutions. Possibilities, Limits and Normative Foundations«. In: James Anderson (Hg.), *Transnational Democracy. Political Spaces and Border Crossings*, London/New York: Routledge, S. 149-170.

McIntyre-Mills, Janet (2000): *Global Citizenship and Social Movements. Creating Transcultural Webs of Meaning for the New Millenium*, Amsterdam: OPA.

Meikle, Graham (2002): *Future Active. Media Activism and the Internet*, New York/London: Routledge.

Melucchi, Alberto (1996): *Challenging Codes. Collective Action in the Information Age*, Cambridge: Cambridge University Press.

Menser, Michael/Aronowitz, Stanley (1996): »On Cultural Studies, Science, and Technology«. In: Stanley Aronowitz/Barbara Martinsons/Michael Menser (Hg.), *Technoscience and Cyberculture*, London/New York: Routledge, S. 7-30.

Meyrowitz, Joshua (1987): *Die Fernseh-Gesellschaft. Wirklichkeit und Identität im Medienzeitalter*, Weinheim: Beltz.

Mignolo, Walter (2002): »The Many Faces of Cosmo-Polis: Border Thinking and Critical Cosmopolitanism«. In: Carol Breckenridge/Sheldon Pollock/Homi K. Bhabha/Dipesh Chakrabarty (Hg.), *Cosmopolitism*, London/Durham: Duke University Press, S. 157-187.

Mikos, Lothar (2005): »Film und Fankulturen«. In: Manfred Mai/Rainer Winter (Hg.), *Das Kino der Gesellschaft – die Gesellschaft des Kinos. Interdisziplinäre Positionen, Analysen und Zugänge.* Köln: Herbert von Halem, S. 95-116.

Mossberger, Karen/Tolbert, Caroline J./McNeal, Ramona et al. (2008): *Digital Citizenship. The Internet, Society, and Participation*, Cambridge, MA: The MIT Press.

Murphy, Patrick/Kraidy, Marwan (2003): »International Communication, Ethnography, and the Challenge of Globalization«. In: *Communication Theory. A Journal of the International Communication* Jg. 13, Heft 3, S. 304-323.

Negri, Antonio (2009): *Goodbye Mr. Socialism. Das Ungeheuer und die globale Linke.* Interview mit Raf Valvola Scelsi, Berlin: Edition Tiamat.

Negt, Oskar/Kluge, Alexander (1972): *Öffentlichkeit und Erfahrung. Zur Organisationsanalyse von bürgerlicher und proletarischer Öffentlichkeit*, Frankfurt a.M.: Suhrkamp.

Neuman, Russell W. (2001): »The Impact of the New Media«. In: Lance Bennett/Robert Entman (Hg.): *Mediated Politics*, Cambridge: Cambridge University Press, S. 299-320.

Norris, Pippa (2000): *Democratic Phoenix. Reinventing Political Activism*, Cambridge: Cambridge University Press.

Notes from Nowhere (Hg.) (2007): *wir sind überall: weltweit, unwiderstehlich, antikapitalistisch*, Hamburg: Nautilus.

Olesen, Thomas (2005): *International Zapatismo: The Construction of Solidarity in the Age of Globalization*, London: Zed.

Oy, Gottfried (2002): »Direct Media: Internationale Protestnetzwerke auf den Spuren alternativer Öffentlichkeitsmodelle«. In: Heike Walk/Nele Boehme (Hg.), *Globaler Widerstand: Internationale Netzwerke auf der Suche nach Alternativen im globalen Kapitalismus*, Münster: Westfälisches Dampfboot, S. 101-118.

Papacharissi, Zizi (2002): »The Virtual Sphere. The Internet as a Public Sphere«. In: *New Media & Society* Jg. 4, Heft 1, S. 9-27.

Penley, Constance (1997): Nasa/Trek: *Popular Science and Sex in America*. London/New York: Verso.

Plake, Klaus/Jansen, Daniel/Schuhmacher, Birgit (2001): *Öffentlichkeit und Gegenöffentlichkeit im Internet. Politische Potenziale der Medienentwicklung*, Opladen: Westdeutscher Verlag.

Poster, Mark (2001): *What's the Matter with the Internet?* Minneapolis: University of Minnesota Press.

Press, Andrea/Livingstone, Sonia (2006): »Taking Audience Research into the Age of New Media: Old Problems and New Challenges«. In: Mimi White/James Schwoch (Hg.), *Questions of Method in Cultural Studies*, Oxford: Blackwell, S. 175-200.

Reichert, Ramón (2008): *Amateure im Netz. Selbstmanagement und Wissenstechnik im Web 2.0*, Bielefeld: transcript.

Renzi, Allesandra (2008): »The Space of Tactical Media«. In: Megan Boler (Hg.), *Digital Media and Democracy. Tactics in Hard Times*, Cambridge, MA: MIT Press, S. 71-100.

Rice, Ronald E. (2002): »Primary Issues in Internet Use«. In: Leah Lievrouw/Sonia Livingstone (Hg.), *Handbook of New Media*, Thousand Oaks, CA: Sage.

Ritzer, George/Stillman, Todd (2003): »McDonaldisierung, Amerikanisierung und Globalisierung: Eine vergleichende Analyse«. In: Ulrich Beck/Natan Sznaider/Rainer Winter (Hg.), *Globales Amerika? Die kulturellen Folgen der Globalisierung*, Bielefeld: transcript, S. 44-68.

Rivière, Philipp (2003): „Vernetzte Welt im Kommunikationszeitalter". In: Barbara Bauer (Hg.), *Atlas der Globalisierung, Le monde diplomatique*, Berlin: taz Verlags- und Vertriebsgesellschaft, S. 10-11.

Robertson, Roland (1992): *Globalization. Social Theory and Global Culture*, London u.a.: Sage.

Rodriguez, Clemencia (2001): *Fissures in the Mediascape. An International Study of Citizens' Media*, Cresskill, NJ: Rowman & Littlefield.

Rogg, Arne (2003): *Demokratie und Internet. Der Einfluss von computer-vermittelter Kommunikation auf Macht, Repräsentation, Legitimation und Öffentlichkeit*, Opladen: Leske und Budrich.

Rössler, Alexander/Stiegler, Bernd (Hg.) (2002): *Microsoft. Medien-Macht-Monopol*, Frankfurt a.M.: Suhrkamp.

Saco, Diana (2002): *Cybering Democracy. Public Space and the Internet*, Minneapolis: University of Minnesota Press.

Salter, Lee (2003): »Democracy, New Social Movements and the Internet: A Habermasian Analysis«. In: Martha McCaughey/Michael Ayers (Hg.), *Cyberactivism. Online Activism in Theory and Practice*, New York/London: Routledge, S. 117-144.

Sandor, Vegh (2003): »Classifying Forms of Online Activism. The Case of Cyberprotests Against the World Bank«. In: Martha McCaughey/ Michael Ayers (Hg.), a.a.O., S. 71-95.

Sassen, Saskia (2000a): »Digitale Netzwerke und Macht«. In: Hauke Brunkhorst/Matthias Kettner (Hg.), *Globalisierung und Demokra-tie. Wirtschaft, Recht, Medien*, Frankfurt a.M.: Suhrkamp, S. 330-346.

Sassen, Saskia (2000b): »Some Governance Questions. Digital Net-works and the State«. In: *Theory, Culture & Society* Jg. 17, Heft 4, S. 19-33.

Sassen, Saskia (2002): »Towards a Sociology of Information Techno-logy«. In: *Current Sociology* (Sonderheft), Jg. 50, Heft 3, S. 365-388.

Sassen, Saskia (2008): *Das Paradox des Nationalen. Territorium, Auto-rität und Rechte im globalen Zeitalter*, Frankfurt a.M.: Suhrkamp.

Schachtner, Christina/Höber, Angelika (Hg.) (2008): *Learning Com-munities. Das Internet als neuer Lern- und Wissensraum*, Frankfurt a.M./New York: Campus.

Schmidtke, Oliver (2002): »Berlin in the Net. Prospects for Cyberde-mocracy from Above and from Below«. In: Roza Tsagarousianou/ Damian Tambini/Cathy Bryan (Hg.), *Cyberdemocracy. Technology, Cities and Civic Networks*, London/New York: Routledge, S. 60-83.

Scholz, Trebor (2008): »Where the Activism is«. In: Megan Boler (Hg.), *Digital Media and Democracy. Tactics in Hard Times*, Cambridge, MA: MIT Press, S. 355-366.

Shane, Peter (2004): »Introduction: The Prospects for Electronic De-mocracy«. In: ders. (Hg.), *Democray Online: The Prospects for Poli-tical Renewal through the Internet*, New York: Routledge, S. XI-XX.

Siedschlag, Alexander/Rogg, Arne/Welzel, Carolin (2002): *Digitale Demokratie. Willensbildung und Partizipation per Internet*, Opladen: Leske und Budrich.

Sklair, Leslie (1998): »Social Movements and Global Capitalism«. In: Fredric Jameson/Masao Miyoshi (Hg.), *The Culture of Globalization*, Durham, NC: Duke University Press, S. 291-311.

Slack, Jennifer Daryl/Wise, J. MacGregor (2006): »Cultural Studies and Communication Technology«. In: Leah Lievrouw/Sonia Livingstone (Hg.), *Handbook of New Media* (Updated Paperback Version), Thousand Oaks, CA: Sage, S. 141-161.

Slevin, James (2000): *The Internet and Society*, Cambridge: Polity Press.

Smith, DuVal Anna (1999): »Problems of Conflict Management in Virtual Communities«. In: Marc Smith/Peter Kollock (Hg.), *Communities in Cyberspace*, London/New York: Routledge, S. 134-166.

Smith, Jackie (2002): »Globalizing Resistance: The Battle of Seattle and the Future of Social Movements«. In: Jackie Smith/Hank Johnston (Hg.), *Globalization and Resistance. Transnational Dimensions of Social Movements*, Lanham, MD: Rowman and Littlefield, S. 183-199.

Smith, Jackie (2008): *Social Movements for Global Democracy*, Baltimore: The John Hopkins University Press.

Smith, Marc/Kollock, Peter (Hg.) (1999): *Communities in Cyberspace*, London: Routledge.

Starr, Amory (2005): *Global Revolt. A Guide to the Movements against Globalization*, London/New York: Zed Books.

Strangelove, Michael (2005): *The Empire of Mind. Digital Privacy and the Anti-Capitalist Movement*, Toronto: University of Toronto Press.

Surman, Mark/Wershler-Henry, Darren (2001): *Commonspace. Beyond Virtual Community. Seize the Power of the Collective*, Canada: FT.com.

Surratt, Carla: (1998): *Netlife: Internet Citizens and their Communities*, CommackNew York: Nova Science.

Szerszynski, Bronislaw/Urry, John (2002): »Cultures of Cosmopolitanism«. In: *The Sociological Review* 50, S. 461-481.

Sznaider, Natan (2008): *Gedächtnisraum Europa. Die Visionen des europäischen Kosmopolitismus. Eine jüdische Perspektive*, Bielefeld: transcript.

Tambini, Damian (1999): »New Media and Democracy. The Civic Networking Movement«. In: *New Media & Society* Jg. 1, Heft 3, S. 305-329.

Tarrow, Sidney (2005): *The New Traditional Activism*, Cambridge: Cambridge University Press.

Terranova, Tiziana (2001): »Demonstrating the Globe. Virtual Action in the Networked Society«. In: David Holmes (Hg.), *Virtual Globalization. Virtual Spaces/Tourist Spaces*, London: Routledge, S. 95-113.

Terranova, Tiziana (2008): »Cyberculture and New Media«. In: Tony Bennett/John Frow (Hg.), *The Sage Handbook of Cultural Analysis*, Thousand Oaks, CA: Sage, S. 587-607.

Tilly, Charles (2004): *Social Movements 1768-2004*, Boulder: Paradigm Publishers.

Tobler, Stefan (2001): »Kommunikationsverdichtungen und transnationale Öffentlichkeit«. In: *www.medienheft.ch/politik/bibliothek/p16_ ToblerStefan.html* [gesehen am 15.08.2009].

Tomlinson, John (1999): »Globalised Culture: The Triumph of the West?«. In: Tim Allen/Trace Skelton (Hg.), *Culture and Global Change*, London/New York: Routledge, S. 23-31.

Tomlinson, John (2000): »Kosmopolitismus als Ideal und Ideologie«. In: Caroline Robertson/Carsten Winter (Hg.), *Kulturwandel und Globalisierung*, Baden-Baden: Nomos, S. 341-357.

Tsagarousianou, Roza/Tambini, Damian/Bryan, Cathy (Hg.) (2002): *Cyberdemocracy. Technology, Cities and Civic Networks*, London/New York: Routledge.

Van Dijk, Jan (1999): *The Network Society*, London u.a: Sage.

Varnelis, Kazys/Friedberg, Anne (2008): »Place: The Networking of Public Space«. In: Kazys Varnelis (Hg.), *Networked Publics*, Cambridge, MA/London: The MIT Press, S. 15-42.

Varnelis, Kazys (Hg.) (2008): *Networked Publics*, Cambridge, MA/London: The MIT Press.

Wall, Melissa A. (2007): »Social Movements and Email: Expressions of Online Identity in the Globalization Protests«. *New Media & Society*, Jg. 9, Heft 2, S. 258-277.

Wellman, Barry (Hg.) (1999): *Networks in the Global Village. Life in Contemporary Communities*, Boulder, CO: Westview.

Wellman, Barry (2001): »Physical Place and Cyberplace. The Rise of Networked Individualism«. In: Leigh Keeble/Brian Loader (Hg.), *Community Informatics. Shaping Computer-Mediated Social Relations*, LondonNew York: Routledge, S. 17-42.

Wellman, Barry/Milena, Gulia (1999): »Net-Surfers Don't Ride Alone: Virtual Communities as Communities«. In: Barry Wellman (Hg.), *Networks in the Global Village. Life in Contemporary Communities*, Boulder, CO: Westview, S. 331-366.

Wetzstein, Thomas A. et al. (1995): *Datenreisende. Die Kultur der Computernetze*, Opladen: Westdeutscher Verlag.

Willett, Rebekah (2008): »Consumer Citizens Online. Structure, Agency, and Gender in Online Participation«. In: David Buckingham (Hg.), *Youth, Identity, and Digital Media*, Cambridge, MA: The MIT Press, S. 49-69.

Williams, Raymond (1974): *Television, Technology, and Cultural Form*, London: Fontana.

Wimmer, Jeffrey (2007): *(Gegen-)Öffentlichkeit in der Mediengesellschaft. Analyse eines medialen Spannungsverhältnisses*, Wiesbaden: VS Verlag.

Winter, Rainer (1995): *Der produktive Zuschauer. Medienaneignung als kultureller und ästhetischer Prozess*, München/Köln. Herbert von Halem (überarbeitete und erweiterte Neuauflage 2010).

Winter, Rainer (2001): *Die Kunst des Eigensinns. Cultural Studies als Kritik der Macht*, Weilerswist: Velbrück Wissenschaft.

Winter, Rainer (2002): »Cyberpunks. Zur Wirklichkeitserfahrung in Netzkulturen«. In: Lothar Mikos/Norbert Neumann (Hg.), *Medien–Wirklichkeit–Erfahrung*, Berlin: Vistas Verlag, S. 77-92.

Winter, Rainer (2003): »Globale Medien, kultureller Wandel und die Transformation des Lokalen: Der Beitrag der Cultural Studies zu einer Soziologie hybrider Formationen«. In: Ulrich Beck/Natan Sznaider/Rainer Winter (Hg.), *Globales Amerika? Die kulturellen Folgen der Globalisierung*, Bielefeld: transcript, S. 263-283.

Winter, Rainer (Hg.) (2005): *Medienkultur, Kritik und Demokratie. Der Douglas Kellner Reader*, Köln: Herbert von Halem.

Winter, Rainer (2007a): »Kritische Theorie jenseits der Frankfurter Schule? Zur aktuellen Diskussion und Bedeutung einer einflussreichen Denktradition«. In: Rainer Winter/Peter V. Zima (Hg.), *Kritische Theorie heute*, Bielefeld: transcript, S. 23-46.

Winter, Rainer (2007b): »Perspektiven der Cyber-Society. Plädoyer für eine kritische und kontextuelle Analyse digitaler Praktiken«. In: Johannes Fromme/Burkhard Schäffer (Hg.), *Medien–Macht–Gesellschaft*, Wiesbaden: VS Verlag, S. 29-44.

Winter, Rainer (2009): »Cultural Studies«. In: Georg Kneer/Markus Schroer (Hg.), *Handbuch Soziologische Theorien*, Wiesbaden: Verlag für Sozialwissenschaften, S. 67-87.

Winter, Rainer/Eckert, Roland (1990): *Mediengeschichte und kulturelle Differenzierung. Zur Entstehung und Funktion von Wahlnachbarschaften*, Opladen. Leske und Budrich.

Winter, Rainer/Holly, Werner (1993): »Die kommunikative Aneignung von Fernsehen in alltäglichen Kontexten«. In: Heiner Meulemann (Hg.), *26. Deutscher Soziologentag. Beiträge der Sektions- und Ad hoc-Gruppen*, Opladen: Westdeutscher Verlag, S. 218-221.

Winter, Rainer/Mikos, Lothar (Hg.) (2001): *Die Fabrikation des Populären. Der John Fiske-Reader*, Bielefeld: transcript.

Winter, Rainer/Groinig, Sonja (2004): *Netzbasierte Kommunikation und transnationale Öffentlichkeiten*, Gutachten im Auftrag des

Deutschen Bundestages, vorgelegt dem Büro für Technikfolgenabschätzung, Klagenfurt/Berlin.

Wise, J. MacGregor (1997): *Exploring Technology and Social Space*, London u.a.: Sage.

Wise, J. MacGregor (2003): »Community, Affect and the Virtual: The Politics of Cyberspace«. In: Beth Kolko (Hg.), *Virtual Publics. Policy and Community in an Electronic Age*, New York: Columbia University Press, S. 112-133.

Wong, Lloyd (1999): »Transnational and Diasporan Communities and Changing Identity. Implications for Canadian Citizenship Policy«. In: Paul Kennedy/Nadeem Hai (Hg.), *A selection of papers from the conference Globalization and Identities (30.06.-02.07.1999)*, Manchester: Manchester Metropolitan University Press, S. 1-18.

Zarka, Yves Charles (2004): »Au Nom de la Société Civile«. *Cités, Philosophie, Politique, Histoire* Nr. 17, S. 3-8.

Zook, Matthew A. (1999): »Internet Geography Research Project. University of California«. In: *www.zooknic.com/Domains/us_and_world. html* [gesehen am 05.03.2007].

# Cultural Studies

Karin Bruns, Ramón Reichert (Hg.)
**Reader Neue Medien**
Texte zur digitalen Kultur
und Kommunikation

2007, 542 Seiten, kart., 39,80 €,
ISBN 978-3-89942-339-6

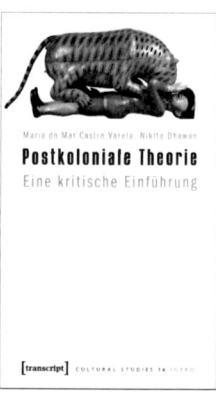

María do Mar Castro Varela,
Nikita Dhawan
**Postkoloniale Theorie**
Eine kritische Einführung
(2., vollst. überarb. Aufl.)

Dezember 2010, ca. 200 Seiten, kart., ca. 16,80 €,
ISBN 978-3-8376-1148-9

Thomas Düllo
**Kultur als Transformation**
Eine Kulturwissenschaft des
Performativen und des Crossover

Juli 2010, ca. 610 Seiten, kart.,
zahlr. z.T. farb. Abb., ca. 45,80 €,
ISBN 978-3-8376-1279-0

**Leseproben, weitere Informationen und Bestellmöglichkeiten
finden Sie unter www.transcript-verlag.de**

# Cultural Studies

Rainer Winter (Hg.)
**Die Zukunft der Cultural Studies**
Theorie, Kultur und Gesellschaft
im 21. Jahrhundert

Juli 2010, ca. 294 Seiten, kart., ca. 28,80 €,
ISBN 978-3-89942-985-5

Rainer Winter,
Elisabeth Niederer (Hg.)
**Ethnographie, Kino und Interpretation –
die performative Wende
der Sozialwissenschaften**
Der Norman K. Denzin-Reader

2008, 300 Seiten, kart., 29,80 €,
ISBN 978-3-89942-903-9

Rainer Winter, Peter V. Zima (Hg.)
**Kritische Theorie heute**

2007, 322 Seiten, kart., 29,80 €,
ISBN 978-3-89942-530-7

Leseproben, weitere Informationen und Bestellmöglichkeiten
finden Sie unter www.transcript-verlag.de

# Cultural Studies

MARIAN ADOLF
**Die unverstandene Kultur**
Perspektiven einer Kritischen
Theorie der Mediengesellschaft
2006, 290 Seiten, kart., 27,80 €,
ISBN 978-3-89942-525-3

MARC CALMBACH
**More than Music**
Einblicke in die Jugendkultur
Hardcore
2007, 282 Seiten, kart., 27,80 €,
ISBN 978-3-89942-704-2

CLAUDIA C. EBNER
**Kleidung verändert**
Mode im Kreislauf der Kultur
2007, 170 Seiten, kart., 20,80 €,
ISBN 978-3-89942-618-2

MORITZ EGE
**Schwarz werden**
»Afroamerikanophilie« in
den 1960er und 1970er Jahren
2007, 180 Seiten, kart., 18,80 €,
ISBN 978-3-89942-597-0

CHRISTOPH JACKE,
EVA KIMMINICH,
SIEGFRIED J. SCHMIDT (HG.)
**Kulturschutt**
Über das Recycling von
Theorien und Kulturen
2006, 364 Seiten, kart., 29,80 €,
ISBN 978-3-89942-394-5

KATRIN KELLER
**Der Star und seine Nutzer**
Starkult und Identität
in der Mediengesellschaft
2008, 308 Seiten, kart., 29,80 €,
ISBN 978-3-89942-916-9

EVA KIMMINICH,
MICHAEL RAPPE,
HEINZ GEUEN,
STEFAN PFÄNDER (HG.)
**Express yourself!**
Europas kulturelle Kreativität
zwischen Markt und
Underground
2007, 254 Seiten, kart., 25,80 €,
ISBN 978-3-89942-673-1

MARCUS S. KLEINER
**Medien-Heterotopien**
Diskursräume einer
gesellschaftskritischen
Medientheorie
2006, 460 Seiten, kart., 35,80 €,
ISBN 978-3-89942-578-9

KARIN LENZHOFER
**Chicks Rule!**
Die schönen neuen Heldin-
nen in US-amerikanischen
Fernsehserien
2006, 322 Seiten, kart., 28,80 €,
ISBN 978-3-89942-433-1

MIRIAM STRUBE
**Subjekte des Begehrens**
Zur sexuellen Selbst-
bestimmung der Frau
in Literatur, Musik
und visueller Kultur
2009, 244 Seiten, kart., 24,80 €,
ISBN 978-3-8376-1131-1

TANJA THOMAS,
FABIAN VIRCHOW (HG.)
**Banal Militarism**
Zur Veralltäglichung des
Militärischen im Zivilen
2006, 434 Seiten, kart., 28,80 €,
ISBN 978-3-89942-356-3

Leseproben, weitere Informationen und Bestellmöglichkeiten
finden Sie unter www.transcript-verlag.de